Kinder,
wie die Zeit vergeht

Kinder, wie die Zeit vergeht

Eine Historie des
Friedrichstadt-Palastes Berlin
von Wolfgang Carlé
und Heinrich Martens

Henschelverlag Berlin · 1987

ISBN 3-362-00121-1

© Henschelverlag Kunst und Gesellschaft,
DDR-Berlin 1975
4., stark überarbeitete und neu gestaltete Auflage 1987
Die ersten drei Auflagen erschienen unter dem Titel
»Das hat Berlin schon mal gesehn«

Mißglückter Auftakt

Kostspielig und technisch aufwendig fängt die Geschichte an: 836 Pfähle, zu je einem Taler, zwei Silbergroschen und sechs Pfennigen, werden durch schwere Dampframmen in den sumpfigen Boden zwischen Karlstraße und Schiffbauerdamm getrieben. Alte Berliner Stadtpläne verraten, daß das Gelände einst »einen See oder eine Ausbucht der Spree« gebildet hat. Sondierungen haben diese Angabe längst verstorbener Kartographen bestätigt. Doch der Geheime Oberbaurat Hitzig und der Baumeister Lent sind nicht gesonnen, vor dem feuchten, schwammigen Baugrund zu kapitulieren. Als teures, unterirdisches Stützkorsett erhält das 432 Quadratruten große Areal einen stabilen Pfahlrost. Auf ihm wächst in den Jahren 1865–1867 ein 84 Meter langes und 64 Meter breites Gebäude empor – Berlins erste Markthalle.

Berlin wird modern. Die Residenz des preußischen Militärstaates entwickelt sich zur Weltstadt. Nach den Napoleonischen Kriegen wohnten in den 7683 behördlich registrierten Häusern der Stadt 183000 Menschen, und Charlottenburg lag noch »jwd« – janz weit draußen vor dem Brandenburger Tor. Jetzt, Mitte der sechziger Jahre, ist Charlottenburg näher gerückt, und die Gäule der ersten Pferdebahn Berlins ziehen Doppelstockwagen im Pendelverkehr zwischen dem Kupfergraben und dem westlichen Vorort. Die Einwohnerzahl ist auf eine dreiviertel Million gestiegen. Berlin dehnt sich mächtig aus und schiebt seine Grenzen in die Fluren benachbarter Dörfer vor. Wohlhabende Großbürger erwerben Villengrundstücke am Tiergarten; in rasch hochgezogenen düsteren Mietskasernen vor dem Oranienburger Tor und östlich vom Alexanderplatz haust zusammengepfercht das Proletariat.

Die Stadt – und mit ihr die sozialen Gegensätze – sind unaufhaltsam gewachsen, seitdem die Woge der Industrialisierung auch den ökonomisch rückständigen Agrarstaat Preußen überflutete. 1837 gründete der Mechaniker August Borsig in der Chausseestraße eine Maschinenfabrik. Er begann mit 10000 gepumpten Talern. Am Eisenbahnfieber, das um die Jahrhundertmitte Deutschland erfaßte, stieß er sich gesund. Als im Jahre 1867, zwei oder drei Kilometer von seinen Werkstätten entfernt, Berlins erste Markthalle entsteht, verkauft er bereits die zweitausendste Lokomotive.

Nicht nur ihn trägt die Konjunktur nach oben. Der Unternehmer Borsig braucht Stahl für seine Dampfrosse und Maschinen; der Architekt Hitzig verbaut Eisen in Fundament und Fassade seiner Markthalle. Der Großkaufmann Ravené liefert ihnen (und vielen anderen Kunden) das gegossene Schwermetall und steigt dank der hohen Gewinnspannen dieses schwunghaften Handels zum Millionär auf. Und die Witterung für das gigantische Geschäft mit dem Gasglühlicht, das Petroleumlampe und Kerze ablöst, macht den Klempnermeister Julius Pintsch zum reichen Mann.

Zu den ungekrönten Königen, zu heimlichen Regenten der aufblühenden kapitalistischen Industriegesellschaft avancieren die Bankiers: Gerson Bleichröder, Berliner Agent der Weltfirma Rothschild, Finanzberater des Kanzlers Bismarck, gibt Kredite an blutjunge Aktienunternehmen und uralte Monarchien. Und als Preußen im Jahre 1866 seine Armeen in den Krieg marschieren läßt, um Österreich endgültig und ge-

*Der Bau
der ersten Berliner Markthalle*

Eröffnung der Markthalle um 1867

waltsam aus der deutschen Politik zu verdrängen, da streckt Deutschlands erste Großbank, die Berliner Disconto-Gesellschaft, der Staatskasse die Feldzugskosten vor.

Indessen, noch mischt sich Großstädtisches mit Provinziellem, wirtschaftlicher und technischer Aufschwung mit behäbigem Biedermeier in dieser Geschäftsmetropole Berlin, die bald auch offizielles politisches Zentrum eines neuen deutschen Kaiserreichs werden soll. Etwa 5000 Gemüse-, Butter- und Käsehändler, 340 Fischer, 700 Fleischer und 260 Blumenfrauen schlagen auf Straßen und Plätzen Berlins ihre Stände und Buden auf. Die siebzehn offenen Märkte, auf denen sie lauthals und oft mit kessem Mutterwitz ihre Waren feilbieten, haben sich längst zu Verkehrshindernissen ausgewachsen. Marktabfälle verschmutzen das Pflaster, und ein zeitgenössischer Chronist führt bewegte Klage über den »abscheulichen Gestank«, mit dem die Duftmixtur aus Harzer Käse, verfaultem Obst und verdorbenem Fisch die Berliner Luft verpeste.

Bauanträge für eine moderne Markthalle nach Pariser Muster wurden beim Magistrat bereits seit 1848 eingereicht. Doch erst der prominenteste Architekt der sechziger Jahre, der königliche Akademiedirektor und Geheime Oberbaurat Hitzig, setzt das Projekt durch, die Wochenmärkte vom Oranienburger Tor und vom Karlplatz unter ein festes Dach in Spreenähe umzusiedeln. Die »Berliner Immobilien-Aktien-Gesellschaft« finanziert den Bau. Am 29. September 1867 wird die »1. Berliner Markthalle« feierlich eingeweiht; drei Tage später öffnen sich ihre Tore den Kunden.

Unter der Schlagzeile »Das Ereignis der Woche« rühmt eine Zeitung die Vorzüge des Gebäudes: »Lesern, welche die Pariser Hallen kennen, dürfen wir die Beschreibung unserer Markthalle ersparen, nur haben wir die größere Reinlichkeit und Akkuratesse aller hiesigen Einrichtungen zu betonen. Da die englische Gesellschaft, die Berlin mit Wasserleitung versorgt hat, bei dem Bau beteiligt ist, wurde mit Wasser nicht gespart. Alle Fische werden in fließendem Wasser aufbewahrt, alle Blumen und Gemüse durch Anwendung desselben frischgehalten. Die Einrichtung, die sich in zwei Stockwerken verteilt, ist für den Händler ebenso bequem wie für den Käufer. Die Hausfrauen werden erst in der heranrückenden schlechten Jahreszeit die Vorteile der Markthalle einsehen.«

Der unbekannte Journalist soll sich als miserabler Prophet erweisen. Eins nämlich hat er im Eifer des Lobs übersehen oder unterschlagen: Alle Waren für den Riesenbau müssen mühsam mit Pferdefuhrwerken, Hundekarren und Handwagen herangeschafft werden; denn noch durchschneiden keine Stadtbahngleise Berlin, und noch enden Fernzüge weitab von der Karlstraße am Potsdamer Platz. Der lange, beschwerliche Weg zur Markthalle kompliziert den Gütertransport – und schreckt die Kunden ab.

Neugierig, aber skeptisch besichtigen die Berliner den »Markt mit Wänden und einem Dach«, und mit gutmütigem Spott fragen sie ihre alte Gemüsefrau, wo man sich künftig ein Stelldichein bei Teltower Rübchen und Blumenkohl geben werde: im »Parkett« oder im »ersten Rang« des zweigeschossigen Gebäudes ...

Doch die Popularität, die der Volkswitz gemeinhin zu verleihen pflegt, zahlt sich bei den Umsätzen der Markthalle nicht in klingender Münze aus. Der erwartete, erhoffte Kundenansturm findet nicht statt. Die Berliner kaufen Räucheraal und Hammelkeule, Weißkohl und Bierkäse weiterhin am primitiven, aber vertrauten Stand unter freiem Himmel; sie pfeifen auf »Reinlichkeit und Akkuratesse« der fernen Halle und ziehen die schmuddlige Nähe des alten Wochenmarktes vor. Am 18. April 1868 schließt die »1. Berliner Markthalle« wegen Unrentabilität ihre Pforten. Der gewaltige Bau verwaist. Eine Weile dient er als Lebensmitteldepot, und während des Krieges von 1870/71 wird er von der preußischen Heeresleitung zum Nachschubarsenal zweckentfremdet. Als die siegreichen Grenadierregimenter aus dem französischen Feldzug heimkehren und im strammen Paradeschritt durch das Brandenburger Tor einmarschieren, ist auch dieses martialische Zwischenspiel zu Ende. Die Halle liegt wieder leer und öde da. Ihre Eigentümerin, die »Berliner Immobilien-Aktien-Gesellschaft«, hält Ausschau nach anderen Nutzern, sucht neue Interessenten.

Hinter der »Berliner Immobilien-Aktien-Gesellschaft«, der bedeutendsten Baufirma der Stadt, steht der Großspekulant Henry Strousberg. Mit 600 Millionen Mark gutgläubiger und gewinnsüchtiger Aktionäre, denen er goldene Dividendenberge verhieß, hat er innerhalb weniger Jahre zwölf Eisenbahngesellschaften gegründet und 2500 Kilometer Schienenstrecke anlegen lassen. Die waghalsigen Transaktionen mit dem Geld fremder Leute haben sich für ihn gelohnt: Der »Eisenbahnkönig« Strousberg ist inzwischen neunzigfacher Millionär, er besitzt Fabriken in Berlin und Rittergüter in Schlesien, er handelt mit Grundstücken und verlegt eine Zeitung, die »Post«. Sein luxuriöses Palais in der Wilhelmstraße ist mit teuren Gemälden ausgehängt, und wenn er hocharistokratische Gäste (und Geschäftspartner) wie den Prinzen Biron von Kurland oder den Fürsten zu Putbus empfängt, dann servieren Lakaien das Diner auf schwerem Silbergeschirr. Mit dem Bau der Markthalle an der Karlstraße hat sich der erfolgreiche Spekulant – so scheint es – verspekuliert. Wer kann die Fehlinvestition der »Berliner Immobilien-Aktien-Gesellschaft« aus den roten Verlustzahlen retten?

Am Zirkus 1

Was träge Spiegelkarpfen im Frischwasserbassin nicht vermochten, schaffen feurige Pferde in der Manege: Sie locken Publikum in das Riesenhaus an der Spree. Am 25. Dezember 1873 wird das Gebäude zum zweiten Mal mit Glanz und Gala eingeweiht, diesmal als »Markthallen-Zirkus«. Der erforderliche Umbau, bei dem laut Bauakten eine »Holzsitzeinrichtung mit 5125 Plätzen« entstand, hat die »Berliner Immobilien-Aktien-Gesellschaft« enorme Summen gekostet. Doch der hohe Aufwand zahlt sich aus. Die Herren Aktionäre können aufatmen. Ihre Rendite ist gesichert – und um die Rendite dreht sich anno 1873 alles, beinahe alles in den Kreisen des Berliner Besitzbürgertums.

Henry Strousbergs Geschäfte am Rande der Legalität, die in den sechziger Jahren bei bourgeoisen Biedermännern mit Neid gepaarte Empörung erregten, sind längst keine Einzelerscheinung mehr. »Die rasche Entwicklung der Industrie und namentlich des Börsenschwindels hat alle herrschenden Klassen in den Strudel der Spekulation hineingerissen«, schreibt Friedrich Engels. »Minister, Generale, Fürsten und Grafen machen in Aktien...«

Ein warmer Goldregen aus Paris ließ die Blüten und Sumpfblüten der Konjunktur kräftig sprießen. 1871 preßte Bismarck dem besiegten Frankreich fünf Milliarden Francs Kriegskontribution ab. In der Zeitschrift »Gegenwart« rechnete der Schriftsteller Paul Lindau damals seinen Lesern vor, daß auf jeden Deutschen, vom Säugling bis zum Greis, ein zwei Lot schwerer Teelöffel aus purem Gold entfallen würde – wenn man verteilte.

Es wurde nicht verteilt. Das junge Kaiserreich pumpte den Goldstrom in die Wirtschaft. Die plötzliche Geldschwemme löste einen Gründerrausch aus. Gewerbefreiheit hatte Preußens Regierung zahlungskräftigen Untertanen bereits 1869 gewährt; die gesetzliche Beschränkung des Börsengeschäfts, der staatliche Konzessionszwang für Aktiengesellschaften, war im Juni 1870 gefallen. Die Gründer hatten freie Bahn.

Firmen, Banken, Handelshäuser sind seitdem wie Pilze aus der Erde geschossen. Innerhalb von drei Jahren werden in Deutschland für vier Milliarden Goldmark Aktien an den Mann gebracht. Der Grundstückschacher blüht. Karge, sandige Äcker der dörflichen Nachbargemeinden Berlins verwandeln sich über Nacht in kostbaren Bauboden, und im Stadtkern verhökern Spekulanten die Quadratrute zum Spitzenpreis von 10000 Talern. Berlin verändert gründlich sein Gesicht. Auf dem Rixdorfer Feld und vor dem Landsberger Tor siedeln sich Tausende wohnungsloser Arbeiter in selbstgezimmerten Lauben und elenden Baracken an. Industrieunternehmen und Kreditinstitute richten unterdessen in der City protzige Verwaltungspaläste ein; Direktoren und Aufsichtsräte, Großhändler und Makler beziehen teure Luxuswohnungen oder pompöse Villen.

Fischfang und Druckereigewerbe, Textilfabriken, Brauereien und Hotels – alles wird in den Gründerstrudel hineingerissen. Gewinn aus dem Milliardenrausch schlagen auch die Biergärten und Vergnügungslokale, Schaugeschäfte und Unterhaltungsetablissements. Die großen Geschäftemacher und die kleinen Nutznießer der überhitzten Konjunktur wollen sich auf weltstädtische Art amüsieren. Und sie amüsieren sich – im ersten Varieté Berlins, dem »Reichsadler« in der Wrangelstraße, und im Wachsfigurenkabinett, das sich in der neuen, vielbestaunten Passage zwischen den Linden und der Behrenstraße etabliert. Im Aufsichtsrat des »Aktienbauvereins Passage« sitzt der Kammerherr von Prillwitz. Zur feierlichen Einweihung des pompösen Gebäudes hat er dank seiner höfischen Funktion einen Besuch der kaiserlichen Familie arrangiert und die Passage »dem Monarchen zu Ehren« auf den Namen »Kaisergalerie« getauft. Das gnädige Wohlwollen, das Majestät bei dieser Gelegenheit an den Tag legte, belebt das Geschäft: Die Aktienkurse des finanziell auf schwankendem Boden errichteten Passage-Vereins schnellen steil auf 140 in die Höhe.

In Charlottenburg bietet die »Flora«, ein Gartenlokal mit Saal und Palmenhaus, den Gästen zu Wein und Bier zackige Militärmusik, rassige spanische Tänzerinnen und waghalsige arabische Messerwerfer. Krolls Etablissement im Tiergarten, bereits anno 1844 eröffnet, versucht die gefährliche junge Konkurrenz durch Pomp aus dem Felde zu schlagen: Nach kostspieliger Renovierung können die Besucher schwer vergoldete Stuckdecken und riesige Gaslüster, Brokatportieren und Springbrunnen bewundern.

Ausstattung ist Trumpf – auch im Victoria-Theater in der Münzstraße, dem größten Theater Europas. Zweihundertmal findet auf seiner Bühne »Die Reise um die Welt in achtzig Tagen« statt. Zum Ensemble gehören außer Schauspielern und Sängern fünf Solotänzerinnen, 24 Gruppentänzerinnen, 100 Figurantinnen und Figuranten sowie 50 Kinder. An Kostümen, Dekorationen und technischen Tricks wird nicht gespart. Als die Direktion, beflügelt vom Kassenerfolg der Weltreise frei nach Jules Verne, auch »Die Kinder des Kapitän Grant« auf die Revuebretter holt, da zeigt sie dem begeisterten Publikum Szenen am Nordpol und im Eismeer, die Ankunft eines Schiffes, einen Bergrutsch, ein Erdbeben und – die Sensation der Sensationen – die Damen des Balletts in Männerhosen.

Preußen hat sich großgehungert; später als in London oder Paris gewann die Bourgeoisie in Berlin wirtschaftliche Macht und politischen Einfluß. Jetzt genießt sie, was sie so rasch erwarb. Nun gibt sie sich elegant und weltmännisch, und im Schaugepränge von Podium und Bühne applaudiert sie wohlgefällig dem künstlerisch verklärten Spiegelbild ihres Wohlstands.

Im monatelang verödeten Haus an der Spree schafft die »Berliner Immobilien-Aktien-Gesellschaft« dieser Schicht eine repräsentative Stätte spannender und vergnüglicher Unterhaltung. 1867 ging ihre Profitrechnung mit der Markthalle nicht auf. Sechs Jahre danach setzt sie aufs richtige Pferd – aufs Zirkuspferd.

»Die umgebaute Markthalle hat einen Zirkus von riesigen Dimensionen ergeben, welcher nach Angaben Eingeweihter 4500 Menschen fassen soll«, informiert die »Vossische Zeitung«, das »Blatt für die gebildeten Stände«, die Leserschaft. »Unter dem Zirkus breitet sich an Stelle der ehemaligen Fischbassins und Eiskeller ein Riesentunnel ohnegleichen in Berlin aus. Verschiedene Bier-, Speise- und Conditorei-Büffets sind in demselben untergebracht, außerdem befindet sich noch zu beiden Seiten des Eingangs ein Restaurant und eine Conditorei.«

Direktor des Hauses, dessen offizielle Adresse fortan »Am Zirkus 1« lautet, wird der vierunddreißigjährige Albert Salamonsky. Sein Vater Wilhelm zog einst mit der ärmlichen, aus acht Mitgliedern bestehenden Wanderzirkuskompanie von Ernst Jakob Renz über die Landstraßen. In der Arena des groß und berühmt gewordenen Unternehmens Renz ritt auch Albert Salamonsky, bis der sittenstrenge und energische Chef an den Flirts und Affären des hübschen jungen Mannes moralischen Anstoß nahm: Der schneidige Herzensbrecher flog hinaus.

Das Passage-Panoptikum Ecke Friedrichstraße/Behrenstraße

Das Victoria-Theater um 1885

Die Markthalle wurde zum Zirkus umgebaut

Albert Salamonsky ist nicht nur ein vorzüglicher Kunstreiter und »Rossebändiger«; er agiert auch in Pantomimen und wirbelt als »Batoudespringer« vom Trampolin im Salto über Pferde oder aufgepflanzte Bajonette eines Militärkordons. Für das Galadebüt im Haus an der Spree bietet er erstklassige Akrobaten, schmucke Tänzerinnen, eine Schar kühner Jockeys und sogar eine Elefantendressur auf. Seine Frau, die attraktive Lina Schwarz, reitet Hohe Schule und posiert als graziöse Ballerina auf dem Rücken eines ungesattelten Pferdes. Der frischgebackene Direktor jagt mit scharfem Peitschenknall festlich aufgeputzte, feurige Rosse um die Piste. Und wenn seine »Steiger«, acht kastanienbraune ungarische Hengste, auf den Hinterbeinen hochgehen, dann schimmern und glitzern ihre in die Luft gereckten Vorderhufe: Albert Salamonsky hat sie des Schaueffektes wegen mit versilberten Eisen beschlagen lassen.

Das Publikum ist entzückt – vom bunten, abwechslungsreichen Programm und von der umgebauten, umfunktionierten Markthalle. Während der Pausen labt es sich weidlich an den »Bier-, Speise- und Conditorei-Büffets« im »Riesentunnel ohnegleichen«.

Am anderen Ufer der Spree, im Zirkusbau an der Friedrichstraße 141a, sitzt unterdessen grollend Albert Salamonskys ehemaliger Prinzipal Ernst Jakob Renz. »Berlin freut sich, jetzt zwei bedeutende Circusse in seinen Mauern zu haben; es ist groß genug, sie allabendlich beide gut zu füllen, und die Liebhaber der circensischen Künste nehmen gern die Gelegenheit wahr, die Darbietungen bei Renz und Salamonsky zu vergleichen«, schreibt die Presse. Der Direktor Renz – Analphabet, der nur seinen Namen mühsam aufs Papier zu malen gelernt hat – kann dieses Urteil nicht lesen. Aber er kann rechnen. Argwöhnisch beauftragt er einen Bürodiener, die Kassenrapporte Salamonskys auszuspionieren. Und sorgenvoll erwägt er, Berlin zu verlassen und in Wien konkurrenzlose Erfolge zu suchen.

Was er befürchtet, tritt nicht ein. Der gigantische Zirkuszweikampf auf Leben und Tod, auf Gewinn und Pleite, findet nicht statt. Im Jahre 1879 räumt Albert Salamonsky freiwillig das Feld. In Petersburg und Moskau, bei den aristokratischen Reitsportenthusiasten und Pferdenarren des Zarenreiches, erhofft er sich ein noch glänzenderes Geschäft als an der Spree. Die hochgespannten Erwartungen werden nicht enttäuscht. In Rußland steigt Albert Salamonsky zum gefeierten Herrscher der Manege auf. Sein Zirkus erringt Weltruf und lockt Spitzenartisten aus vielen Ländern an. (1918, fünf Jahre nach seinem Tode, wandelt die junge Sowjetmacht das Unternehmen in den »Moskauer Staatszirkus« um, den ersten volkseigenen Zirkus der Welt.)

Als der ehrgeizige Albert Salamonsky zur Jagd nach Ruhm und Rubeln gen Osten zieht, braucht die »Berliner Immobilien-Aktien-Gesellschaft« um ihren Riesenbau nicht zu bangen. Sie findet für das Millionenobjekt einen Interessenten, der sofort zugreift: Ernst Jakob Renz.

Albert Salamonsky

Der alte Renz

Als er im Jahre 1879 den Markthallenzirkus übernimmt, heißt er bei den Berlinern schon »der alte Renz«. Ernst Jakob Renz ist freilich noch längst kein hinfälliger Greis, sondern ein rüstiger und tatkräftiger Mittsechziger mit markantem Adlerprofil, buschigen Augenbrauen und einem pechschwarz gefärbten Schnurrbart. Dennoch verkörpert er bereits ein Stück Zirkusgeschichte – die Entwicklung der Reiter-, Seiltänzer- und Gymnastiker-Compagnie zum Großunternehmen mit festem Stammhaus.

Er hat gigantische Karriere gemacht, der alte Renz. In seiner Jugend gehörte er zu den armen Schluckern des »fahrenden Volkes«, das vom biederen Bürger bestaunt, aber gesellschaftlich geächtet wurde. Seine Eltern, ein armes Gauklerehepaar mit neun Kindern, überließen den Sechsjährigen dem kinderlosen Seiltänzer Maxwell; der Zwölfjährige wurde von seinem Ziehvater und artistischen Mentor an den Zirkusdirektor Brilloff weitergegeben. Ernst Jakob Renz lernte nie Schreiben und Lesen, doch er lernte das ABC zirzensischer Künste: Er jonglierte, federte auf dem Trampolin, balancierte auf dem Schlappseil, produzierte sich als Kraftathlet »Herkules«, ritt die schwierigen Passagen der Hohen Schule und sprang im Salto mortale vom Pferderücken.

Als er nach dem Tode des Prinzipals Brilloff mit einer eigenen winzigen Truppe auf Wanderschaft ging, schlüpfte der junge Herr Direktor abwechselnd mit seinem Gefährten Gotthold Schumann in die einzige Stallmeisteruniform, die im kärglichen Kostümfundus hing. Weil er auf der beschwerlichen Reise durch Deutschlands Kleinstaaten an einer Zollgrenze einmal das Mautgeld nicht entrichten konnte, verpfändete Renz sein wertvollstes Stück, eine silberne Spindeluhr. Das beste vierbeinige Stück des Kleinunternehmens, das Schulpferd »Soliman«, stammte nicht aus einem vornehmen Rassegestüt, sondern vom Acker. Renz hatte den gelehrigen Schimmel preisgünstig einem Bauern abgehandelt.

Lang, lang ist's her ... Damals gastierte die Truppe auf Reitbahnen oder auch nur auf einem abgesteckten Platz unter freiem Himmel, irgendwo am Rande einer Provinzstadt, und wenn die zirzensischen Attraktionen zu wenig Besucher anlockten, setzte sie »große Pferdewettrennen« aufs Programm. Jetzt ist der alte Renz in Berlin Hausherr eines stattlichen Baus aus Eisen, Stein und Glas, und in seinem Marstall stampfen und wiehern 200 gepflegte, ausgesucht schöne Rosse. Die bescheidene Reiterkompanie, die von der Hand in den Mund, von der geringen Abendkasse zum nächsten, ungewissen Tag lebte, hat sich zum straff organisierten und patriarchalisch geleiteten kapitalistischen Unterhaltungsbetrieb gemausert. Der Rendant Baron von Seegenberg, der die goldverschnürte Husarenattila aus Liebe zu einer feschen Zirkusdame auszog, verwaltet die Buchhaltung, und eins der angesehensten Kreditinstitute Berlins, das Bankhaus F. W. Krause, wickelt die Finanzgeschäfte ab.

Der Zirkusmann Renz lebt nicht mehr als Außenseiter der Gesellschaft; der erfolgreiche, wohlhabende Direktor ist von der Bourgeoisie integriert worden. Er wohnt in einer »guten Gegend«, in der Markgrafenstraße 11, und wenn er im leichten, mit zwei

Ernst Jakob Renz

DAS ZIRKUS-RENZ-GEBÄUDE - FRIEDRICHSTRASSE

ECKE GEORGENSTRASSE

UM DAS JAHR 1876

Schecken bespannten Wagen zur Probe in den Zirkus kutschiert, dann trägt er zum korrekten Zylinder einen dezenten grauen Gehrock aus feinstem englischem Tuch. An freien Abenden aber schlürft er im Kreise städtischer Honoratioren ein Bier im renommierten Brauhaus Siechen.

Es dauerte Jahrzehnte, bis er diese Position erklomm. 1846 wagte Renz mit seiner Wandertruppe den großen Sprung nach Berlin und gab Vorstellungen auf der alten Reitbahn in der Sophienstraße 16. Daß sein Unternehmen zunächst als »Cirque Equestre«, später als »Cirque Olympique« firmierte, sollte nicht bloß das Bildungsbürgertum beeindrucken und anziehen; es hatte auch Gründe fachlicher Tradition: Frankreich war in der ersten Jahrhunderthälfte das führende Zirkusland Europas. Seine eleganten Reiter galten als Vorbild. Seine Gesellschaften prägten den zirzensischen Stil der Epoche. Gegen eine der größten und berühmtesten, gegen den Zirkus Dejean, trat Renz an der Spree in die Schranken.

Louis Dejean war kein Artist, er war Geschäftsmann, Organisator, Regisseur, Eigentümer des Cirque National in Paris – und ungekrönter König der Manege. 1850 ließ er sich vom Zimmermeister Otto in der Friedrichstraße 141a, Ecke Georgenstraße, nach dem Muster seines Pariser Hauses ein komfortables Zirkusgebäude errichten, in dem er mit Stars der Arena aufwendige Programme bot.

Ernst Jakob Renz – inzwischen Direktor eines Holzbaus in der Charlottenstraße – nahm den scheinbar aussichtslosen Kampf gegen die übermächtige, kapitalstarke Konkurrenz auf und setzte alles auf eine Karte: Er kratzte seine spärlichen Talerreserven zusammen, verpflichtete namhafte, teure Reiter und Artisten und präsentierte dem Publikum eine »sensationelle Novität« – die personenreiche, farbenprächtige exotische Pantomime »Chinesische Messe zu Hongkong«.

»Renzeken, Renzeken macht mit Dejean ein Tänzeken«, sangen Berlins kesse Schusterjungen einen humoristischen Kommentar zum künstlerischen und geschäftlichen Duell der Prinzipale. Stramme Nationalisten unter der Bürgerschaft nahmen die Rivalität ernster, todernst. Der Konkurrenzkampf wuchs sich zum grimmigen Zirkuskrieg Deutschland gegen Frankreich aus.

Die chauvinistischen Ressentiments kamen Renz nicht ungelegen. Sie verhalfen ihm noch leichter und rascher zum Sieg als das hohe Lob, das der Kritikerpapst der »Vossischen Zeitung«, Ludwig Rellstab, seinem Galaprogramm spendete. Am 15. April 1852 verließ Louis Dejean für immer Berlin. Ernst Jakob Renz siedelte in den repräsentativen Holzzirkus an der Friedrichstraße über. Zwei Jahre später ersetzte er ihn gemäß behördlicher Auflage durch ein solides Steingebäude. Sein Triumph über den Konkurrenten markierte eine zirkushistorisch bedeutsame Wende: Die in Pomp und Formalismus erstarrte Romanische Schule wurde durch einen neuen, frischeren Stil abgelöst, der sich stärker auf das zu Wohlstand und gesellschaftlichem Ansehen gelangte Bürgertum und das rasch wachsende Proletariat orientierte. In der Entwicklung der Zirkuskunst verlagerte sich das Schwergewicht von Paris nach Berlin.

Der Schulreiter Ernst Renz

Der Zirkus Renz in der Friedrichstraße um 1876

Bauzeichnungen des alten Renzgebäudes

*Jules Léotard 1859
im Pariser Cirque Napoléon*

Ernst Theodor Amadeus Litfaß

An der Spree gastierten seither die Zirkusse Hinné und Wollschläger, Loisset, Traugott und Ciniselli, Unternehmen mit gutem Ruf und achtbaren Leistungen, und die amerikanische Kompanie Myers schlug erstmals ein Zirkuszelt in Berlin auf. Die Stellung von Renz vermag jedoch keiner mehr zu erschüttern. Der »hohe Adel« und die sonstigen »verehrungswürdigen p. t. Bewohner der Haupt- und Residenzstadt«, die der Direktor in seinen bombastischen Ankündigungen säuberlich zu trennen pflegt, strömen in seine Vorstellungen. Kavallerieoffiziere begutachten sachkundig das »Gangwerk« seiner Pferde und die Beine seiner Kunstreiterinnen, die eine Popularität genießen wie heute nur wenige Spitzensportlerinnen oder Schlagersängerinnen. Der Zirkus Renz ist nicht nur gesellschaftsfähig, er ist hoffähig geworden: Bei ihm delektieren sich Seine Majestät Wilhelm I. anno 1872 zum erstenmal an Glanz und Flitter der Arena, und am 26. Dezember beehrt alle Jahre wieder die kronprinzliche Familie das Nachmittagsprogramm gnädig durch ihren Besuch.

Das Geheimnis des Erfolgs?

Der unermüdliche Arbeiter, ausgezeichnete Reiter und erfahrene Dresseur Ernst Jakob Renz hat bei seinem Personal ein sicheres Gespür für Qualität und einen strengen Sinn für Disziplin. Bei ihm verschlampt und verschludert selbst nach hundertfacher Wiederholung keine Produktion. Wenn er sich nicht selbst in den Sattel schwingt oder Freiheitszüge um die Piste dirigiert, faßt der Alte, auf die Elfenbeinkrücke seines Spazierstocks gestützt, in der ersten Parkettreihe Posto und überwacht mit Argusaugen jedes Detail, jeden Trick, jeden Dressurschritt.

Er knausert mit dem Pfennig, aber er steckt riesige Summen in prächtige Ausstattung und berappt Spitzengagen für publikumswirksame Sensationen, die im Kassenrapport zu Buche schlagen: Für 250 Taler Abendhonorar springt 1859 in der Manege Renz der erste »fliegende Mensch«, der Franzose Léotard, 27 Fuß weit von Trapez zu Trapez.

Ernst Jakob Renz versteht sein Handwerk. Und er ist ein genau kalkulierender, gerissener Geschäftsmann – wie alle Unternehmer, die in dieser Epoche des kapitalistischen Aufschwungs in Deutschland ganz nach oben gekommen sind, ob sie Lokomotiven bauen wie August Borsig, Stahl kochen wie Alfred Krupp oder nach Ruhrkohle schürfen lassen wie Matthias Stinnes. Er wahrt eisern die alte Zirkustradition, die schlichte, alltägliche Namen auf dem Programmzettel verpönt und durch klangvolle Pseudonyme ersetzt. Und er spürt gleichzeitig nüchtern und aufgeschlossen jeder technischen Möglichkeit nach, den Zirkusbetrieb zu modernisieren.

Eine Berliner Erfindung wird der Werbeschlager des Zirkus Renz. Am 1. Juli 1855 eröffnet der Buchdrucker Ernst Theodor Amadeus Litfaß in der Adlerstraße 6 ein »Institut der Anschlagsäulen«, das die Plakatwerbung revolutioniert: Auf wichtigen Plätzen und an belebten Straßenecken werden 100 zylindrische Ungetüme aus Stein und Zement errichtet und 50 Brunnen rundum mit Holz verkleidet.

»Was das Äußere dieser Säulen betrifft, so sind sie so geschmacklos und unpraktisch wie möglich«, wettert der Redakteur Löffler in der konservativen »Vossischen Zeitung«. »Den Bewohnern der Häuser, vor denen sie stehen, nehmen sie die Aussicht, und eine gewisse malerische Liederlichkeit, die in dem Durcheinander der Zettel an Häusern und Bäumen lag, muß der Sucht weichen, alles in spanische Stiefel zu schnüren. Weder das Publikum, noch die Stadt, noch der Ruf unseres Geistes gewinnt durch diese neue Einrichtung, nur der Buchdrucker Litfaß, dem dies Unternehmen bewilligt wurde und der die Säulen in Felder teilt und sich nach Raum und Zeit ihre Benutzung bezahlen läßt!«

Die Säulen setzen sich durch, der anfänglichen Skepsis der Berliner und dem vernichtenden Presseurteil zum Trotze. Einer der ersten, der ihre propagandistische Wirksamkeit wittert, ist Ernst Jakob Renz. Die Erfindung macht Herrn Litfaß populär – und seinen Plakatkunden Renz noch populärer.

Früher als andere Direktoren spannt Ernst Jakob Renz die Dampflokomotive vor den Zirkuswagen. Auf Gastspielreisen in die Provinz zieht sein Unternehmen seit 1853 nicht mehr über die Landstraße. Personal und Tiere werden in Sonderzüge verfrachtet.

Der Entwicklung des innerstädtischen Schienenverkehrs verdankt der alte Renz ein glänzendes Grundstücksgeschäft. Als die Berliner Stadtbahn-Aktiengesellschaft in den siebziger Jahren eine Gleisstrecke quer durch Berlin projektiert, muß der Zirkus in der Friedrichstraße einem Bahnhof weichen. Der Marktwert des Geländes, das Renz dem Zimmermeister Otto ursprünglich nur abgepachtet, inzwischen aber erworben hat, schnellt steil in die Höhe. 820000 Taler schlägt Ernst Renz beim Verkauf heraus. Die Herren Stadtbahngründer geraten bald danach an den Rand des Ruins; der Staat muß als Aktionär einspringen und die halbbankrotte Firma sanieren. Dem Direktor Renz indessen hat der Handel das Kapital eingebracht, mit dem er nun den modernen Prachtbau zwischen Karlstraße und Schiffbauerdamm erwerben kann.

In der Friedrichstraße 141a ist er groß geworden. Am Zirkus 1 will er der Größte werden.

Am 29. November 1879 eröffnet Ernst Jakob Renz die erste Wintersaison in der ehemaligen Markthalle. Neun Jahre danach läßt er das Haus mit einem Kostenaufwand von anderthalb Millionen Goldmark gründlich umbauen: Im erweiterten Rund des Zuschauerraumes finden nunmehr 8000 Personen Platz.

Paula Busch, die spätere Zirkusdirektorin, läßt ihre »Wasserminna« im gleichnamigen Buch sich der Glanzzeit des Unternehmens erinnern: »Am Sonntagnachmittag bin ick immer zu'n ollen Renz in die Karlstraße jerannt, um ma vor allem de Clowns zu bekieken. De machten ma den jrößten Spaß. Da war der Tom Belling mit'n ausrasierten Haarschopf un ne janz rote Neese, mit'n Ding in't Ooje jeklemmt an so'n schwarzet Band. Un ne ville zu weite Weste hatte er an, zu'n Frack mit zu kurze Ärmel, in dem de

»Meine Klohns macht mir keiner nach!«

Motten war'n. Ick seh noch den Franz Renz (ein Sohn des Direktors, d. Verf.) mit seinem jroßen Schnauzbart, wie er so'ne Meute Rappen vorführt un nachher uff 'ne Tonne steicht un ville Pferde – hundert soll'n et jewesen sein – um sich rumpeesen läßt. Uff den Manegenrand liefen janz kleene Ponys mit Affen druff. Un die Ozeana uff 'n Drahtseil hab ick ooch jesehen. Natierlich hab ick nie Eintritt bezahlt. Der Ernst un der Justav hab'n ma mitjelotst und de feinen Leute anjebettelt, die mit de Equipaschen vorfuhren: Ach bitte, nehm'n Se doch meine kleene Schwester mit rin. Nämlich een Kind war doch immer frei, un die janz Reichen hab'n jewöhnlich keene. So hab ick immer janz umsonst uff 'n feinen Platz jesessen ...«

Im Zuschauerraum von Renz trifft sich ganz Berlin, von den Gardeoffizieren in den Logen bis zu den »kleinen Leuten« hoch oben auf den Galeriebänken. In der Arena aber trifft sich die ganze Welt – die ganze bunte, schillernde Welt der Artistik.

Die »Ozeana uff 'n Drahtseil«, amerikanische Schwiegertochter des alten Renz, entflammt als kokette »Sylphide der Luft« die Herzen der Herren im Parkett. Und im fahrbaren, viereckigen »Salonkäfig« lehrt der Löwendompteur Batty – ein dem prosaischen Dienst entsprungener Steuerkontrolleur aus Greiffenhagen – die wohlig erschauernden Bürgerdamen das Gruseln vor brüllenden Bestien. »Seine Dressur bestand darin, daß er die Löwen, nachdem sie durch Schreckmittel scheu gemacht waren, im Käfig umhertrieb, wobei sie dann nolens volens über Barrieren setzten, die von außen hereingeschoben wurden«, schildert ein kritischer Fachmann, der Tierparkgründer Carl Hagenbeck, den Trick der wilden Schau. »Schließlich stand Batty in der Nähe des Ausgangs, feuerte hier aus einem Karabiner mehrere Schüsse ab und retirierte ...«

Bei Renz schwebt die schöne, vielumschwärmte Leona Dare im riskanten Zahnhang am schräg gespannten Seil quer durch den Riesenraum, und die junge Österreicherin Miß Senide, »la Reine de Fauves«, wagt sich in die unbehagliche Gesellschaft von zwei Löwen, einem Bären und einem Leoparden. Die Besucher bestaunen Abnormitäten – eine Dame mit Vollbart, einen amerikanischen Liliputaner, einen chinesischen Goliath, die siamesischen Zwillinge Chang und Eng. Und sie kreischen und jubeln über die deftigen Scherze der Clowns.

Unter den fünfzehn Manegekomikern spielt Tom Belling »mit'n ausrasierten Haarschopf un ne janz rote Neese« nicht nur bei der kleinen Wasserminna die Favoritenrolle. Als erster »dummer August« der Zirkusgeschichte macht er auch würdigen Erwachsenen »den jrößten Spaß«. Der bärenstarke Belling, ein Hans Dampf in allen Zirkusgassen, Reiter, Jongleur, Seiltänzer, Geiger und Parterreakrobat, hat mit Wandertruppen fast ganz Europa und halb Sibirien bereist. Im Zirkus Renz entsteht durch einen ulkigen Zufall die tolpatschige Figur, die ihm zu legendärem Ruhm verhilft.

Aus Langeweile, Übermut oder – wie böse Zungen behaupten – in weinseliger Laune staffiert sich Tom Belling eines Abends als ruppiger Stallmeister aus. Er schlüpft in verkrumpelte, schäbige Hosen und einen alten Frack, dessen Schöße ihm beinahe bis

Käthchen Renz

Ozeana Renz

Thomas Batty

Miß Senide

auf die Fersen hängen, stülpt sich eine zerzauste rote Perücke über den Kopf – und läuft in dieser Kostümierung auf dem Stallgang dem alten Renz in die Arme. Renz wittert blitzschnell die publikumswirksame Komik der abenteuerlichen Gestalt, treibt den widerstrebenden Belling mit erhobenem Krückstock zur Manege und befördert ihn mit einem kräftigen Stoß über den Pistenrand. Belling stolpert und landet mit einem Purzelbaum im Sand.

Die Besucher sind zunächst verblüfft, doch dann erschallt von der Galerie ein Zuruf: »Aujust, du bist ja doof!« Und bald dröhnt es hundertstimmig durchs weite Rund: »Aujust als Stallmeister!« – »Aujust, mach dir nützlich!« – »Aujust, Aujust...« Die Berliner lachen Tränen. Die Figur hat ihren Namen und der Zirkus Renz eine neue Zugnummer.

Von diesem Tage an muß Tom Belling jahrelang allabendlich mit gespieltem Ungeschick in die Arena stürzen, muß sich als tölpelhafter Kunstreiter, Jongleur, Tanzmeister oder gar Stierkämpfer versuchen und mit Ohrfeigen und Fußtritten traktieren lassen.

»Dummer August« wird ein geflügeltes Wort in Berlin. Ein Parlamentsberichterstatter wird vor Gericht zitiert, weil er in einem Artikel witzelt, die oratorischen Ergüsse gewisser Abgeordneter überträfen die Narreteien des »August« bei Renz. Er findet milde Richter und wird freigesprochen. In einem anderen Prozeß nimmt die hohe Justiz den derben Zirkushumor ernster: Sie verkündet feierlich, daß die Anrede »Sie August!« den Charakter einer strafbaren Verbalinjurie trage...

»Meine Klohns macht mir keiner nach!« bemerkt stolz der alte Renz. Auf dem Gipfel des Ruhms und des Kassenerfolges ist der Patriarch der Manege sehr selbstbewußt geworden – und ein bißchen schrullig dazu. Als er sich nach langem Zögern herbeiläßt, die Königliche Oper zu besuchen, knurrt er nach den ersten Takten der Ouvertüre ungnädig: »Die Kerls haben mir meine beste Zirkusmusik gestohlen!« Durch kleine Finten versucht er vor seiner Umgebung zu verbergen, was ohnehin jedermann weiß – daß er nicht lesen kann. Schmunzelnd kolportieren die Berliner die Anekdote, der alte Herr habe ein Telegramm lange angestrengt betrachtet und schließlich einem Angestellten mit den Worten überreicht: »Lesen Sie doch mal vor, was der Mensch eigentlich will, ich kann sein undeutliches Geschreibsel nicht entziffern...«

Dennoch: Die »Klohns« macht dem Großunternehmer ohne Schulbildung »keiner nach«. Nicht nur die »Klohns«. Die Abnormitäten und Raubtiergruppen, die der alte Renz aus Schaubude und Menagerie in die Manege verpflanzt, sind nur gelegentliche Farbtupfer auf seiner Zirkuspalette. Nicht die namhaften Akrobaten und nicht einmal die populären, umjubelten Spaßmacher prägen das Profil seiner Programme, sondern Pferdenummern. Und auch die macht ihm »keiner nach«.

Freiheitszüge arabischer Schimmelhengste, vom alten Renz oder seinem Sohn Franz dressiert, wechseln in bunter Folge mit Paradestücken der Kunstreiterei. Graziöse Reiterinnen im Ballettröckchen springen auf dem Rücken galoppierender Pferde

Julius Walter Hager

Therese Renz

In der Garderobe des Zirkus Renz, Zeichnung von C. W. Allers

durch Reifen, berittene Akrobaten zeigen den Salto mortale auf dem Panneau. Der Engländer Hubert Cooke, genannt »König der Jockeys«, schwingt sich behende wie eine Wildkatze nach kurzem Anlauf vom Boden in den freien Stand aufs Roß, das durch die Arena prescht, und gemessen zügelt Julius Walter Hager, ein überlanger, überschlanker Herr in modischen grauen Pantalons, die komplizierten Schrittkombinationen und abgezirkelten Sprünge seines Hengstes »Galgenstrick«. Hager, einer der besten Schulreiter der Epoche, ist mit einer Renz-Tochter verheiratet. »Allens nimmt ein Ende, bloß Renzens Schwiejersohn nich«, lästern die Berliner. Der gutmütige Spott mindert nicht ihren Beifall – im Gegenteil.

Den stürmischsten Applaus heimsen im Zirkus Renz indessen nicht die ausgefeilten Dressurkünste, sondern die prunkvollen Manegeschaustücke ein. Mit ihren Massenszenen, in denen Menschen und Tiere durcheinanderwirbeln und in pomphaften Aufzügen durch die Arena paradieren, hat der gewitzte Alte haarscharf den von protziger Architektur und bombastischer Malerei geprägten Geschmack der Gründerjahre getroffen.

Ballettmeister August Siems, den sich Renz vom großherzoglich hessischen Hoftheater Darmstadt holte, ersinnt die Pantomimen und drillt das Corps de ballet. Seine Schöpfungen, »Karneval auf dem Eis« und »Julius Cäsar«, »Die Königin von Abessinien« und »Amor in der Küche«, werden zu Kassenschlagern des Zirkus Renz. Verschwenderischer Kostümaufwand befriedigt die Prachtliebe des Adels und der emporgekommenen Bourgeoisie. Der Kleinbürger entflieht aus Muff und Enge seines Alltags in die exotische Welt des schönen Scheins. Der Arbeiter, der in der Zehnstundenschicht bei Borsig oder Schwartzkopf nichts zu lachen hat, erheitert sich an den komischen Zwischenspielen der als »Wiener Damenkapelle« oder »lustige Heidelberger« verkleideten Clowns.

Der alte Renz kennt sein Publikum genau und paßt sich geschickt den Zeitströmungen an. Mit »Episoden aus dem Schleswig-Holsteinischen Krieg und Erstürmung der Düppeler Schanzen«, einer »großen Pantomime in elf Bildern mit 50 Pferden und 100 Personen«, erweist er dem militanten Preußentum seine Reverenz. Der Kolonialpropaganda des jungen Kaiserreichs, das sich anschickt, einen »Platz an der Sonne« des Welthandels zu erobern, zollt er mit dem Ausstattungsstück »Im dunklen Erdteil« Tribut.

Einer technischen Neuheit widmet er die komisch-phantastische Manegenschau »Harlekin à la Edison oder: Alles elektrisch«. Kurz vor dem Debüt des Unternehmens Renz im Markthallenzirkus beschert der Erfinder Werner Siemens den Berlinern eine Sensation: Er stattet die Passage zwischen den Linden und der Behrenstraße mit Bogenlampen aus. Zwei Jahre später, am 15. Mai 1881, erhellen Glühbirnen der Firma Siemens & Halske erstmals versuchsweise die Kochstraße im Zeitungsviertel der Hauptstadt. Direktor Renz verpflanzt die Novität in die Arena. Am 23. Oktober 1884 strahlen im Zirkus 2000 verschiedenfarbige Glühbirnen auf. Die Primaballerina tanzt

*Beleuchter
im Zirkus Renz*

*Unter dem Zirkusbau
fließt die Panke in die Spree*

als »elektrische Dame«, die Clowns knipsen bei ihren Szenen wechselweise rote, grüne und blaue Lämpchen an, und im turbulenten Finale fechten Akrobaten und Mimiker Duelle mit Schwertern aus, die bei jeder Berührung elektrisch aufblitzen.

»Wenn ich mich in die Manege stelle, schlage ich sie alle«, prophezeite Ernst Jakob Renz siegessicher, als in den siebziger Jahren die Spektakelstücke des Victoria-Theaters in der Münzstraße die Besucher scharenweise anlockten. Er sollte recht behalten. Seine Pantomimen brechen die Serienrekorde der Revuebühne. Die zugkräftigste Inszenierung des Zirkusballettmeisters August Siems, »Die lustigen Heidelberger oder: Ein Studentenausflug mit Hindernissen«, wird tausendmal aufgeführt.

August Siems stirbt Jahrzehnte später verarmt und vergessen. Dem alten Renz tragen die Erfolgsprogramme den Titel »Kommissionsrat«, den kaiserlichen Kronenorden und sechzehn Millionen Goldmark ein.

Das schwere Erbe

Dem alten Renz bleibt es erspart, den eigenen Ruhm überleben zu müssen. Als er – siebenundsiebzigjährig – am 3. April 1892 stirbt, ist sein Unternehmen noch immer Berlins populärste Unterhaltungsstätte und Deutschlands größter Zirkus, der neben dem Stammhaus an der Spree feste Gebäude in Wien, Hamburg und Breslau besitzt. Doch die Monopolstellung beginnt brüchig zu werden.

Wenige Monate vor seinem Tode, am 19. September 1891, kann der Patriarch der Arena noch einmal einen Triumph verbuchen. Er präsentiert dem Publikum »Auf Helgoland oder Ebbe und Flut, große hydrologische Ausstattungs-Comödie, arrangirt und inszenirt von Director Renz«: Wassermassen rauschen in die Manege, ein Schiff schaukelt auf den Wellen, eine 25 Meter hohe, farbig angestrahlte Fontäne steigt auf, Menschen und Tiere stürzen sich in die Wogen ...

Der Alte hat den richtigen Riecher gehabt. Die feuchte Schau ist imposant und das Thema Helgoland aktuell, denn 1890 hat Großbritannien die Felseninsel vor der Nordseeküste an das Kaiserreich abgetreten und gegen die deutsche Kolonialbesitzung Sansibar eingetauscht.

Trotzdem liegt ein Schatten über diesem letzten Erfolg. Am Friedrich-Karl-Ufer hat Gotthold Schumann, einst Gefährte und Stallmeister des jungen Prinzipals Ernst Jakob Renz, mit einer eigenen Gesellschaft einen Wellblechzirkus bezogen. Und noch ehe im Prachthaus Renz die Fluten Helgoland umspülen, können die Berliner in Schumanns unansehnlichem Gebäude die erste Wasserpantomime bestaunen. Am Friedrich-Karl-Ufer traben gewiß ein paar Pferde weniger um die Piste als Am Zirkus 1. Aber die Freiheitsdressuren, die Gotthold Schumanns Sohn Albert einstudiert, sind einfallsreicher und moderner als die »Großen Tableaus« bei Renz. Die gelehrigen Vierbeiner spielen kleine Szenen – »Im Kindergarten«, »Auf der Pußta«, »Im Marstall des Grafen X« oder »Auf dem Kasernenhof« –, und das Publikum strömt in Schumanns Wellblechzirkus, um die attraktiven neuen Dressuren zu sehen.

Plakat einer Busch-Pantomime

Zirkus Busch am Bahnhof Börse

Das Varieté Wintergarten

La Belle Otéro

Die Tänzerin Saharet

Cléo de Merode

Franz Renz, der Sohn und Nachfolger des Alten, tritt ein schweres Erbe an. Zum erstenmal seit Albert Salamonskys Übersiedlung nach Petersburg wächst dem Zirkus Renz in Berlin gefährliche Konkurrenz heran. Nicht nur der Zirkus Schumann.

Ein Außenseiter der Zirkuswelt, der Berliner Kaufmannssohn Paul Busch, macht in den neunziger Jahren als Unternehmer von sich reden. Er stammt nicht aus der traditionsbewußten Schule der Reiter- und Seiltänzergesellschaften, und der alte Renz mochte den »Dilettanten« nicht ernst nehmen. Sein Sohn Franz muß sich mit ihm auseinandersetzen. Denn im Jahre 1895 läßt dieser Herr Paul Busch eine Spielstätte am Bahnhof Börse bauen, fast so prächtig, fast so groß wie der Markthallenzirkus Renz, und arrangiert Ausstattungsstücke mit grellen Effekten: Wagen preschen über stürzende Brücken, Pferde springen Trampolin, Elefanten fahren Rutschbahn. Als Franz Renz noch in den Proben zu einer »sensationellen Hörnerschlittenfahrt« für die Pantomime »Riesengebirgsphantasien« steckt, stiehlt ihm Paul Busch die Schau und zeigt just diese »Hörnerschlittenfahrt« in seiner Arena. Franz Renz hat eine halbe Million Goldmark für eine Neuheit verpulvert, die keine mehr ist...

Die Zuschauer laufen ihm weg – zu Schumann, zu Busch und ins Varieté. In den Gründerjahren öffnete an der Dorotheenstraße, im Herzen der Friedrichstadt, das pompöse »Central-Hotel« die Pforten. Bald gibt sich in seinem Palmensaal unterm Schein von tausend Gasflammen die einheimische und zugereiste Lebewelt ein Stelldichein, und 1884 läßt die Direktion zur Unterhaltung der Gäste Soubretten und Balletteusen aufmarschieren. Drei Jahre später wird aus gelegentlichen Vorstellungen ständiges Varieté. Die vielbestaunten Gasflammen verlöschen und weichen einer neuen, binnen kurzem weltberühmten Kennmarke des Etablissements: der Sternenhimmeldecke.

Im »Wintergarten« – so nennt sich dieses erste Großvarieté Berlins – verrenken namhafte Akrobaten, die vordem nur in der Manege zu bewundern waren, die geschmeidigen Glieder, und Salonmagier zaubern den Herren Besuchern die goldenen Taschenuhren weg oder halten urplötzlich den eigenen Kopf unterm Arm. Im November 1895 flimmern hier die ersten stummen lebenden Bilder der Brüder Skladanowsky über eine Leinwand und leiten die Epoche des Kintoppfiebers ein. Wenige Monate danach hopsen, aus den Vereinigten Staaten importiert, die fünf Schwestern Barrison in kurzen Hängekleidchen über die Bretter und plärren kindlich-erotische Songs. Komiker in Frack und Zylinder treiben ihre Späße, und leichtgeschürzte Tänzerinnen wie die Otéro oder Cleo de Merode, denen man augenzwinkernd galante Abenteuer mit hohen Aristokraten, ja selbst mit gekrönten Häuptern nachsagt, werfen die schlanken Beine.

»Zu der Knappheit der Kleider von unten gesellte sich eine ebenso große Freigebigkeit von oben«, wettert moralisch entrüstet der Sittengeschichtler Eduard Fuchs. »Nicht nur, daß der Tanz stets an sich schon sinnlich ist, es konnte durch seine exzentrische Ausgestaltung außerdem mit dem ganzen Raffinement jäher Enthüllungen pi-

Im Marstall des Zirkus Renz um 1894

kanter Dessous gearbeitet werden. Die sämtlichen Varietétänze sind deshalb auch fast einzig daraufhin inszeniert, der Tänzerin möglichst viel Gelegenheit zu geben, die Spitzenwolken ihrer Röcke und Höschen vor den Augen der Zuschauer zu enthüllen und dadurch natürlich auch das, was sie eigentlich verhüllen sollten ...«

Dem Publikum gefällt's.

»Im Saal konnte man bequem seinen Schoppen Bier trinken und eine Zigarette rauchen, während man den Vorstellungen auf der Bühne Auge und Ohr lieh; auf der Terrasse bei Wein und Sekt zu soupieren und zugleich eine schöne Varieté-Vorstellung bewundern zu können, das galt als Gipfelpunkt des Genusses, als mondän, als ultraschick«, erklärt ein Chronist die Anziehungskraft des »Wintergartens«.

»Ultraschick« ist nicht bloß das repräsentative Varieté am Bahnhof Friedrichstraße, nur wenige Schritte vom Zirkus Renz entfernt. An allen Ecken und Enden Berlins floriert das Geschäft des Tingeltangels. Im Norden geben sie sich volkstümlich, mit Damenkapellen, Klamottenkomikern und vollbusigen Soubretten, die sentimentale oder deftige Lieder schmettern. In der City, wo Provinzonkels mit dicken Brieftaschen weltstädtischem Amüsement nachjagen, sind die Texte schlüpfriger, die Künstlerinnen eleganter und die Röcke kürzer.

Wenn die Damen das Podium betreten, bekommen die Rittergutsbesitzer aus märkischen Kaffs und die Offiziere aus verschlafenen Kleinstadtgarnisonen »zumindestens die Waden und bei gewissen Schlenkerbewegungen des Kleides noch etliches mehr zu sehen ...«

Mit derlei Pikanterien vermag Zirkus Renz nicht aufzuwarten. Zwar tanzt in seinen Pantomimen ein farbenprächtig und teuer kostümiertes, gut gedrilltes Corps de ballet. Doch jetzt gilt es als überaltert – auch was die Balletteusen betrifft, und in der »Montags-Zeitung« witzelt ein Verseschmied: »Man soll jewiß det Alter ehren./ Doch wenn von Renzens Bajaderen/ mal eene unter fuffzich zählte,/ denn jloob ick nich, det das mir quälte.«

Das Unternehmen erstarrt in dem Stil, den der alte Renz prägte. Aber das Publikum hat sich gewandelt; eine neue Generation ist herangewachsen. In den Wohlstand hineingeboren, frönen die jungen Bourgeois der neunziger Jahre nicht mehr der naiven Prachtliebe ihrer reich gewordenen Väter. Das Protzentum der Emporkömmlinge aus der Gründerzeit ist in Blasiertheit und Snobismus umgeschlagen. Von der Manege werden nervenkitzelnde Sensationen und Effekte, von Podium und Bühne des Vergnügungsetablissements mondäne Eleganz und ein Hauch pseudo-romantischer Verruchtheit verlangt. Die altpreußischen Haudegen schwärmten für die sportlich-flotte, strammschenklige Kunstreiterin, die den Logenbesuchern kokett – und dennoch bieder – ein Kußhändchen zuwarf. Die Gardeoffiziere von 1895 finden eindeutig zweideutige Chansons »superb« und flirten im Chambre séparée mit einer offenherzig dekolletierten Varietétänzerin oder Tingeltangeldame.

Franz Renz versucht sein abflauendes, von der Konkurrenz hart bedrängtes Zirkusgeschäft zu beleben, indem er den Aufwand der Programme und den Luxus des Hauses steigert. Bei Premieren steckt er das Personal in Balltoiletten. Frisch erworbene Pferde werden, prächtig aufgezäumt, einzeln um die Piste geführt. In den Stallgängen liegen kostbare Teppiche, neben den Boxen stehen Blumenarrangements, und im Foyer wird ein Sektrestaurant eröffnet. Aber nichts vermag Franz Renz zu retten, nicht einmal die hurrapatriotische Monsterschau »1870/71«, für die er 150 Tänzerinnen, 400 Statisten und mehrere Männergesangvereine aufbietet. 1896 werden in der Revue »Lustige Blätter« die letzten zirkusspezifischen Elemente aufgegeben, zum finanziellen gesellt sich der künstlerische Bankrott.

Franz Renz resigniert. Am 31. Juli 1897 wird sein Zirkus geschlossen. Das Ensemble löst sich auf; Tiere und Requisiten kommen unter den Hammer des Auktionators.

Ernst Renz, der Sohn der Drahtseilkünstlerin Ozeana, erwirbt bei der Versteigerung ein paar Dutzend Pferde und geht 1897 mit einem neuen, kleineren Zirkus Renz auf Gastspielreise. 1899 muß er in Brüssel Konkurs anmelden. Und mit einem dritten Zirkus Renz scheitert anderthalb Jahrzehnte später eine Nichte des Alten, die berühmte Schulreiterin Therese Renz.

Der Zirkus Renz ist tot.

Bombastisches Zwischenspiel

Die Renz-Gebäude in Hamburg und Breslau werden an Paul Busch verkauft. Im Stammhaus an der Spree weicht der Zirkus dem Amüsierbetrieb. Die Pächter Bolossy Kiralfy und Hermann Haller wollen demonstrieren, »bis zu welchem Gipfel der Massenwirkung das Ausstattungswesen mit allen Schikanen des entwickeltsten Maschinen- und Beleuchtungsapparates emporzuklimmen vermag.« Ehe dieser Gipfel erklommen wird, lassen die Direktoren die Bühne technisch vervollkommnen und weit in den Zuschauerraum vorschieben. Die Kuppel wird umgebaut und die Prozeniumsöffnung auf 44 Meter erweitert. Vier von acht Säulen müssen weichen, und der Vorhang erhält im Dienste moderner Werbung eine zweite Funktion: Während der Pausen wird er als Projektionswand für Reklame genutzt. Und damit das jüngste Kind des Berliner Schaugewerbes einen zugkräftigen Namen hat, taufen Kiralfy und Haller ihr großartiges Unternehmen nach dem Vorbild des weltbekannten »Olympia-Theaters« in London »Neues Olympia-Riesentheater«.

Was das Gespann Kiralfy/Haller dem Publikum vorsetzt, ist tatsächlich der Gipfel — der Gipfel an witz- und geistlosem Ausstattungsplunder. Angeblich tausend Mitwirkende mobilisieren sie für die Eröffnungsvorstellung, die Ballettpantomime »Constantinopel«. Hier die Fabel: Einige erlebnishungrige, von ihren millionenschweren, hocharistokratischen Papas verschwenderisch mit Spesen ausgerüstete junge Engländer reisen durch Südosteuropa in den Orient und lassen sich von den Einheimischen für gutes Geld allerlei faulen Zauber vorgaukeln.

Die Zuschauer um die Jahrhundertwende werden von den Unterhaltungsbühnen gewiß nicht mit Esprit verwöhnt. Doch das Ballett »Constantinopel« reizt selbst anspruchslose Gemüter zu der kritischen Bemerkung, daß die armselige Handlung nur als Vorwand diene, »die wechselnden Szenerien notdürftig zu rechtfertigen«.

Nach derselben Schablone geschneidert sind auch die folgenden Schaustücke des Neuen Olympia-Riesentheaters, so beispielsweise eine »Sylvester-Phantasie in drei Akten und zwölf Bildern«, die laut Reklame »den uralten Kampf der Tugend gegen das Laster, der Schönheit gegen die Häßlichkeit, der Liebe gegen die Vernunftheirat« szenisch glorifizieren soll.

Die Massenaufmärsche von Figuranten, die kostbaren Kostüme, prunkvollen Dekorationen und raffinierten Lichteffekte, mit denen der glücklose Direktor Franz Renz seine zirzensischen Darbietungen zuweilen fast erdrückte, werden bei Bolossy Kiralfy und Hermann Haller vollends zum Selbstzweck. Doch die Rechnung mit dem Bombast geht auch bei ihnen nicht auf.

Während das Neue Olympia-Riesentheater vergebens um Publikumsgunst buhlt, erzielt das Apollo-Theater in der Friedrichstraße mit der Kurzoperette »Venus auf Erden« monatelang volle Kassen. Der Varietékapellmeister Paul Lincke hat für das kleine Stück eine schmissige, eingängige Musik geschrieben; das Libretto schildert nicht ohne Witz die Erlebnisse der olympischen Schönheit bei einer Stippvisite im modernen Berlin und nimmt ein brandaktuelles Thema – die Ballonluftschifferei und die Versuchsstarts der neuen Flugapparate – parodistisch ein bißchen auf die Schippe.

Nicht nur der Erfolg des Apollo-Theaters bringt die Bilanzen der Herren Kiralfy und Haller ins Wackeln. Am 3. September 1898 eröffnet der ehemalige Schauspieler Richard Schultz eine heruntergewirtschaftete Bühne in der Behrenstraße, das Ronacher-Theater, unter dem neuen Namen Metropol-Theater mit der Revue »Paradies der Frauen«. Auch hier ist der Text mit humorigen und manchmal sogar satirischen Anspielungen auf große und kleine Zeitereignisse gespickt – soweit es der kaiserliche Zensor von Glasenapp gestattet. Und anstelle der einen Venus des Apollo-Theaters paradiert hier eine ganze Schar teuer an- oder ausgezogener irdischer Aphroditen im Rampenlicht.

»Die Pracht der Stoffe und der Geschmack des Schnittes sind in der Tat bewunderungswürdig«, lobt die Zeitschrift »Bühne und Welt«. »Das Metropol-Theater ist das Theater für die Lebewelt geworden... Der gewandte Direktor, der sein weltstädtisches Publikum kennt, hofft, daß ›Paradies der Frauen‹ mindestens zweihundertmal über die Bretter gehen wird.«

Zweihundertmal »Paradies der Frauen«. Serienerfolg für »Venus auf Erden«. In der volkstümlichen Berliner Operette, die mit Paul Linckes »Frau Luna« ihren größten Triumph feiern soll, und in den eleganten Metropol-Revuen hat das musikalische Unterhaltungstheater der Hauptstadt um die Jahrhundertwende seinen Stil und seine Kassenschlager gefunden. Lokalkolorit und Jargonwitz begeistern im Apollo-Theater

die kleinen Leute. Im Metropol-Theater genießen die oberen Zehntausend den Reiz aparter Weiblichkeit und feindosierter Selbstpersiflage der Wohlstandsgesellschaft.

Das Neue Olympia-Riesentheater setzt dagegen »alle Schikanen des entwickeltsten Maschinen- und Beleuchtungsapparates« ein – zu viel für den Etat der Direktoren und zu wenig für die Besucher. Kiralfy und Haller müssen die Segel streichen. In das Haus an der Spree zieht noch einmal, zum letzten Mal in seiner Geschichte, der Zirkus ein. Am 28. Oktober 1899 galoppieren Albert Schumanns Pferde in die Arena.

Schaukelpferde, Seeräuber, Spaßmacher

Albert Schumann – der Leser erinnert sich: Sein Vater Gotthold, der aus der väterlichen Sattlerwerkstatt in Weimar weglief und sich dem »fahrenden Volk« anschloß, war einst ein enger Gefährte und Jahrzehnte später ein unbequemer Konkurrent von Ernst Jakob Renz. Das zuletzt ein bißchen gespannte geschäftliche Verhältnis zwischen den ehemaligen Jugendfreunden trug indirekt am unrühmlichen Zwischenspiel Kiralfy/Haller Schuld; denn in seinem Testament verbot der alte Renz den Verkauf des Zirkusgebäudes an Schumann. Im Wellblechzirkus am Friedrich-Karl-Ufer hatte Albert Schumann Anfang der neunziger Jahre den Berlinern zum erstenmal seine gelehrigen Vierbeiner gezeigt. Mit einer eigenen Kompanie gastierte er inzwischen in Skandinavien und Rußland. Gotthold Schumann, ein fleißiger und solider Handwerker der Manege, überragte nie den braven Durchschnitt. Albert Schumann ist nach dem Tode des alten Renz der beste Pferdedresseur des deutschen Zirkus, ein Grandseigneur im Sattel und in der Arena, dem selbst die arroganten Herrenreiter der wilhelminischen Gardekavallerie fachliche und gesellschaftliche Anerkennung nicht versagen.

Experten rühmen Albert Schumann als »Pädagogen der Pferdebeeinflussung«, loben die »korrekte Durchführung und wohldurchdachte Effektwirkung« seiner Nummern und schwärmen vom »freudigen Gehorsam der Schumannschen Zöglinge«. »Albert Schumann hat den durch seine Vorgänger vorgezeichneten Rahmen der Dressurfähigkeit des Pferdes völlig gesprengt und dieses zu ganz unerhörten Leistungen befähigt«, urteilt der Zirkushistoriker Joseph Halperson. »Es hat auch noch kein Freiheitsdresseur mit der Stimme jene förmlich elektrisierende Wirkung auf das Pferd zu erzielen verstanden.«

Mehr als hundert equestrische Darbietungen studiert Albert Schumann ein. Die glanzvollsten präsentiert er im Haus an der Spree. Nervöse Vollblüter preschen um die Piste, schwere Brauerpferde stampfen durch den Sand, und in der Gesellschaft von zwölf edlen Rappen tummelt sich ein possierliches Zwergpony. Der Bulldoggrüde »Bobby« lenkt, indem er die Zügel in den Zähnen hält, ein Gespann um die Manege, der Falbe »De Aur« dreht sich in schwungvollen Pirouetten, der Rapphengst »Hurtig« besteigt als Schaukelpferd eine Wippe, und das berühmte Bettpferd »Good Night« streckt sich zum Ergötzen des Publikums auf einer überdimensionierten, stabilen Liegestatt zur Ruhe aus.

Aus dem Zirkus wurde das Neue Olympia-Riesentheater

»Frau Luna« 1890 im Apollo-Theater

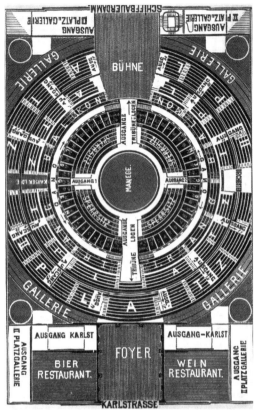

Albert Schumann bringt in das verkrachte Neue Olympia-Riesentheater den Zauber des Pferdezirkus zurück. Doch Einfallsreichtum und effektvoller Aufputz der Dressuren verbürgen noch keine vollen Kassen. Das traditionelle Zirkusprogramm der Roß- und Reiterspiele zahlt sich in der modernen Großstadt mit ihrem vielfältigen und bunten Vergnügungsangebot nicht mehr aus. Das begriff schon der alte Renz und paßte sich den Unterhaltungsbedürfnissen der Gründerzeit an. Das muß jetzt auch Albert Schumann erkennen.

Der Direktor setzt zunächst auf eine sportliche Neuheit: das Radrennen. Auf Empfehlung seines Clowns Coco läßt er in der Manege ein leicht überhöhtes Rund von vierzig Meter Länge und zwei Meter Breite mit einem Innenraum von dreizehn Meter Durchmesser bauen. Das Haus Am Zirkus 1 verwandelt sich in die erste überdachte Radrennbahn Berlins. Am 24. Januar 1901 findet die »Winterbahn-Premiere« statt. Anfeuernde »Heee – heee – heee«-Rufe schallen durch den Riesenraum. Zwei Tage später berichtet die »Rad-Welt«:

»In Scharen kamen die Zuschauer zum ›Circus Schumann‹. Es beteiligten sich an dieser Sensation Paul Mündner, F. Krause, Fredy Budzinski und die Weltmeister Thaddäus Robl und Willi Arend. Abgesehen davon, daß die viel zu kleine Bahn keine regulären Rennen zuläßt und deshalb vom streng sportlichen Standpunkt aus die gezeigten Leistungen undiskutabel sind, ist auch das Fahren selbst auf der schwankenden Unterlage höchstens mit einem Hindernisrennen zu vergleichen. Die Zuschauer aber waren begeistert. Sie sprangen von den Sitzen, als Arend mit seinem berühmten ›Kopfnickerspurt‹ gewann. Besonderer Beifall brandete jedoch immer dann auf, wenn einer der Fahrer durch die Geschwindigkeit auf den flachen Brettern hinausgetragen wurde und auf den Knien der Besucher im Parkett landete ...«

Der sportlichen folgt die zirzensische Schau. Albert Schumann greift auf das Rezept zurück, das dem alten Renz Millionen eintrug und Paul Busch zu steilem Aufstieg verhalf. Am Zirkus 1 feiert die Ausstattungspantomime pompöse Urständ. Vor dem Gewinn, den Schumann herauszuschlagen hofft, steht die Investition – der kostspielige Einbau technischer Einrichtungen und die Erweiterung der Spielfläche auf 800 Quadratmeter.

»Gleich an der Manege beginnt der Bühnenraum, der sich aus einer Anzahl verstellbarer Podien zusammensetzt; diese können, zu verschiedenen Höhen gebracht, ein Terrassenwerk aufführen«, beschreibt die Zeitung »Börsen-Courier« am 17. September 1909 den Aufwand an neuen Apparaten und Maschinen. »Das Eigengewicht der Gesamtbühnen beträgt 65 000 Kilo und hat eine Tragfähigkeit von 160 000 Kilo. Den Vordergrund nimmt eine Drehbühne ein, die mit der Schnelligkeit eines galoppierenden Pferdes zu rotieren vermag. Über dem Ganzen wölben sich kolossale Schnürböden.«

»Wahre Wunderwerke an imposanter Pracht und Größe« erwartet der vom technischen Raffinement tief beeindruckte Reporter des »Börsen-Courier«. Albert Schu-

Fassade des Zirkus Schumann

Grundriß des Zirkus

Albert Schumann

Kunstreiterei im Zirkus Schumann

mann liefert die »Wunderwerke«. Das eine trägt den groschenromanhaften Reißertitel »Golo, der Seeräuber und Mädchenhändler«. Die Fabel entführt den Zuschauer aus einem verträumten holländischen Fischerdörfchen in eine ferne geheimnisumwobene Diamantengrotte inmitten des indischen Dschungels. Die Jagdkorona eines fabelhaft reichen, fabelhaft edlen Maharadschas reitet auf prunkvoll geschmückten Dickhäutern um die Piste. Der schuftige Mädchenhändler wird verfolgt und gefaßt, sein Raubnest am Meer – beziehungsweise auf dem »Terrassenwerk« der Bühne – ausgehoben und zerstört. Ein Elefant vollstreckt das Urteil und stampft den Bösewicht in den Sand. Das Happy-End vereint exotisch ausstaffierte Herren und schöne Frauen in Schleiergewändern auf einem rauschenden Fest beim Maharadscha…

Man täte dem Direktor Albert Schumann bitter unrecht, wollte man ihm nur Schwulst und Kitsch der Ausstattungspantomime ankreiden. Denn in seiner Arena werden nicht nur finstere Räuberränke gesponnen, sondern auch herzhafte Späße getrieben. Seine Clowns Coco und Adolf (der Vater des bekannten Filmschauspielers Adolf Wohlbrück) legen das traditionelle Pierrot-Kostüm ab, schlüpfen in moderne Anzüge mit breit geschnittenen Hosen, kurzen Jacken und roten Westen und holen sich für ihre witzigen Dialoge aktuelle Pointen von der Straße.

Sechzehn Jahre lang erheitern Coco und Adolf als populäre Hausclowns Am Zirkus 1 die Berliner. Nur ein paar Monate gastiert im Zirkus Schumann einer ihrer berühmtesten Kollegen, der Russe Wladimir Durow. Der Sproß einer Adelsfamilie, der auf eine sichere Karriere im Offiziers- oder Beamtendienst des Zaren verzichtete, ist beim Volk beliebt und bei den Behörden verhaßt: Als »politischer Clown« zieht er wie sein Bruder Anatoli gegen korrupte Stadthauptleute, diktatorische Gouverneure und unfähige Minister in Vers und Prosa satirisch zu Felde. Mehrmals verbietet die hohe Obrigkeit seine kritischen Witze und respektlosen Scherze. Schererein mit der gestrengen Zensur trägt ihm auch der Auftritt im Zirkus Schumann ein.

»Schwein will Helm!« kommentiert Wladimir Durow die Bemühungen eines von ihm dressierten Borstenviehs, im Manegensand eine preußische Pickelhaube aufzuheben. Die Galeriebesucher jubeln; die Offiziere in den Logen und die braven Bürger im Parkett sind schockiert. Allerhöchst indigniert aber fühlt sich Kaiser Wilhelm II. über das derbe, zutiefst unziemliche Wortspiel mit seinem erlauchten Namen. Die Schweinerei wird auf seinen Befehl untersagt. Hofschranzen tun ein übriges, um die gekränkte Ehre des Monarchen wiederherzustellen, und reichen Klage gegen Wladimir Durow ein. Drei Jahre schleppt sich der Prozeß hin, der mit einem Freispruch des vom Rechtsanwaltbüro Liebknecht verteidigten Clowns endet: Wladimir Durow hat ja nur in gebrochenem Deutsch zu erläutern versucht, was sein Schwein tut. Eine Majestätsbeleidigung ist ihm nicht nachzuweisen…

Die Geschäfte des Zirkus Schumann gehen gut, aber sie gehen nicht glänzend – trotz der perfekten Pferdedressuren, trotz der Seeräuberromantik, trotz der Spaßmacher. Im Zirkus Busch sind die Ausstattungsstücke lauter und greller, im Metropol-

Wladimir Durow

Adolf und Coco (Adolf Wohlbrück und Laslo Stutzbart)

Guido Thielscher tritt in den Manegenspielen des Zirkus Schumann auf

Abschiedsvorstellung des Zirkus Schumann

Theater die Künstlerinnen eleganter. Sekt auf der Terrasse und nacktes Fleisch des Tanzstars Olga Desmond locken zahlungskräftige Kundschaft in den »Wintergarten«. Und in Dutzenden von Kinematographen-Theatern werden für wenige Groschen atemberaubende Sensationen gezeigt, die die Manege nicht zu bieten vermag: Verfolgungsjagden über Dächer, Automobilrennen, in Abgründe rasende Züge, an Hochhausfassaden zappelnde Komiker...

Gewiß, Albert Schumann leitet in diesen Jahren vor dem ersten Weltkrieg das künstlerisch bedeutendste Zirkusunternehmen Europas. Aber: Hat der Zirkus der Ära Renz, den er in modernerem Stil fortführt, finanziell noch eine Chance zu überleben?

Neue Unternehmen – Hagenbeck, Krone, Sarrasani – sind aufgetaucht, die sich auf ausgedehnten Tourneen von der schwerfälligen Apparatur und dem luxuriösen Aufwand fester Gebäude unabhängig machen und als Zeltstädte auf Rädern mit leichtem Gepäck reisen. Als der amerikanische Zirkus Myers 1872 in Berlin zum erstenmal ein Chapiteau aufschlug, wurde es als Kuriosum bestaunt und belächelt. Jetzt hat sich das Zirkuszelt durchgesetzt. Und endgültig mit der Reitergesellschaft von ehedem verschmolzen ist nun auch die Menagerie.

Carl Hagenbeck hat die Methoden der Raubtierdressur revolutioniert. Nach seinem Vorbild bemüht sich die junge Dompteurgeneration, in die Psyche der »Bestien« einzudringen, die bisher nur durch Schreckschüsse eingeschüchtert und durch drohendes Gehabe der Bändiger in Schach gehalten wurden. Die Verhaltensweisen der Großkatzen und Bären werden erforscht und natürliche Anlagen für die Dressur genutzt.

Die Erfolge der Hagenbeck-Schule verschieben die Akzente der Programme. Das Pferd wird aus der Starrolle in der Manege verdrängt. Der »Raubtierzirkus« entsteht und schlägt das Publikum in seinen Bann. Anstelle des »Tableaus mit 48 edlen Hengsten« wird die »große gemischte Raubtiergruppe« Hauptattraktion und Höhepunkt der zirzensischen Schau.

Die Konkurrenz erschüttert Albert Schumanns Position. Die kaiserlichen Behörden treiben sein Unternehmen an den Rand des Bankrotts. Als am 1. August 1914 die Mobilmachung befohlen wird, requirieren sie rücksichtslos die wertvollen Pferde für den Kriegsdienst bei der Kavallerie. Geplante Vorstellungen müssen abgesagt, Ersatzprogramme einstudiert werden. Nur mühsam erholt sich der Zirkus von dem furchtbaren Schlag. Als hohe Steuern die Gewinne aufzufressen drohen, gibt Albert Schumann auf. Am 31. März 1918 findet die Abschiedsvorstellung statt.

Noch einmal führen Coco und Adolf lustige Zwiegespräche, und zum letzten Mal entfaltet eine »exotische Ausstattungspantomime mit Gesang und Tanz« die in den Not- und Hungerjahren des Weltkriegs längst anachronistisch gewordene Pracht der wilhelminischen Zeit. Im Rundkäfig führt die Dompteuse Tilly Bébé eine Eisbärengruppe vor, und unter der Kuppel entkleidet sich die waghalsige Luftakrobatin Zoe bis aufs Trikot.

Dann verlöschen die Lichter in der Arena. Der Zirkus Schumann wird liquidiert.

Der Epilog zur glanzvollen Ära Renz ist zu Ende. Albert Schumann verkauft das Gebäude und erwirbt vom Erlös ländliche Liegenschaften. Als wohlbestallter Rittergutsbesitzer huldigt er fortan seiner Pferdepassion.

Eigentümerin des Hauses an der Spree wird die National-Theater AG. An den Zirkus, der in dem Riesenbau über vier Jahrzehnte lang eine Heimstatt hatte, erinnert nur noch die Adresse.

Der Zauberer der Regie

Die National-Theater AG gibt das Geld für den Ankauf des Zirkus Schumann. Für die Schauspielkunst, die in die Arena einziehen soll, ist Max Reinhardt zuständig, der erfolgreichste Theaterdirektor und prominenteste Regisseur Berlins.

Max Reinhardt ist, wie er in bildhafter Übertreibung zu sagen pflegt, »auf der Galerie des Wiener Burgtheaters« aufgewachsen. Als junger Schauspieler siedelt er von der Donau an die Spree über, schart um die Jahrhundertwende eine Gruppe tatendurstiger, begabter Darsteller um sich und gründet ein eigenes kleines Theater Unter den Linden. Nun residiert er als gefeierter Regiestar im Deutschen Theater, unweit vom Zirkus Schumann, leitet ein Ensemble mit großen, zugkräftigen Namen und umgibt sich mit einem Beraterstab von Literaten, Musikern und Malern.

Als sein kometenhafter Aufstieg beginnt, ist das Hoftheater längst zu einem Kunstinstitut der feierlichen Repräsentation, des hohlen Pathos, der falschen Rauschebärte und der pompösen Langeweile erstarrt. Aber totgelaufen hatte sich auch jener Bühnenstil, der aus ungestümer Opposition der Jungen gegen den antiquierten Plunder des Königlichen Schauspielhauses entstanden war – das karge und nüchterne, jedem deklamatorischen Überschwang abholde Theater des Naturalismus. Max Reinhardt gibt dem Theater Lebendigkeit, Buntheit und Fülle zurück. Er inszeniert mit sicherem Gespür für die Atmosphäre eines Stücks, er entstaubt die Klassiker und entdeckt die Modernen.

Um die Zeit, da ihm die National-Theater AG in der Arena eine neue Spielstätte schafft, schildert Fritz Engel, Kritiker des »Berliner Tageblatts«, aus der Sicht eines nationalliberalen Bildungsbürgers die Bedeutung Max Reinhardts für das Theaterleben in der Hauptstadt:

»Den Namen Oscar Wilde kannte man kaum in Deutschland; Reinhardt gab seine ›Salome‹, in blühender Sinnlichkeit und viel Schönheit. Frank Wedekind war bisher nur wenigen Literaten aufgefallen – Reinhardt spielte seinen ›Erdgeist‹. Er zeigte, angeregt von dem Russen Stanislawski und unterstützt von dem früh verstorbenen Regisseur Richard Vallentin, das ›Nachtasyl‹ des Russen Gorki, diese Szenen aus den Tiefen des Lebens, die dem Dichter auch in Deutschland einen raschen und großen Ruhm bereitet haben ...

Er reißt den Spielplan der ganzen Kulturwelt, der ältesten, neuen und neuesten, sogar das Ballett, in sein von Arbeit und Unternehmungslust berstendes Haus hinein ...

Die attischen Klassiker, die nur hingehauchte Symbolik moderner Poeten, die jauchzende Rüpelhaftigkeit Shakespearescher Spaßmacher, die düstere Lebensfülle Hauptmannscher Dorfszenen; aus Reinhardts Hand kam jegliches mit verschiedenem Antlitz, jegliches mit der gleichen zaubernden Kraft. Seinen Freunden, die ihn gern gesammelt sähen, wird es zuviel, wenn er sich nicht auf Berlin beschränkt. Er spielt auch in München und Wien, zeigt den Parisern eine Pantomime, den Londonern ein Mysterium, den Breslauern in der Jahrhunderthalle ein Festspiel von Gerhart Hauptmann mit einem Chor von 2000 Personen, den Dresdnern im Semperschen Opernhaus die Uraufführung des ›Rosenkavaliers‹ von Richard Strauss. Allseitig, allseitig!«

1906 versucht Max Reinhardt zum erstenmal, die Schranken zwischen Bühne und Zuschauerraum niederzureißen. Das Nachbarhaus des Deutschen Theaters, der Studentenballsaal Emberg, verwandelt sich durch Umbau in ein rangloses, intimes Theater mit dreihundert Plätzen – die Kammerspiele. Nur zwei Stufen trennen die Rampe vom Parkett. Darsteller und Publikum sind einander nähergerückt. Auf anderem Wege strebt Reinhardt dasselbe Ziel bei mehreren Inszenierungen im Deutschen Theater an: Er läßt die Spielfläche durch eine Vorbühne erweitern, die tief in den Zuschauerraum hineinragt.

Das höfische und das bourgeoise Theater haben die Verbindung zwischen Volk und Kunst zerstört. Max Reinhardt will das zerrissene Band wieder knüpfen – nicht durch gesellschaftliche Umwälzung, sondern durch Veränderung des Theaters. »Das bürgerliche Leben ist eng begrenzt und arm an Gefühlsinhalten«, sagt er in einer »Rede über den Schauspieler«. Der »Zusammenklang von Schauspielern, Dekoration und Musik« soll diese Grenzen sprengen, diese Armut überwinden. Aus dem traditionellen Guckkastentheater drängt er zur architektonischen Nachbildung des antiken Amphitheaters, zur Arena, wo er in der räumlichen Einheit von Bühne, Orchester und Besucherrängen eine in sich geschlossene Kunstwelt zu schaffen gedenkt.

»Es ist ganz gleichgültig, ob tausend Schafsköpfe rund herum oder teils in der Mitte und teils an der Seite sitzen«, spottet ein konservativer Fachmann hochmütig. Doch Reinhardt wagt das Experiment. 1910 mietet er den Zirkus Schumann für ein Gastspiel und inszeniert mit Paul Wegener, Tilla Durieux und Eduard von Winterstein in den Hauptrollen den »Ödipus« des Sophokles in der Arena.

Die Aufführung am 7. November 1910 war »ein großer Wurf«, rühmt selbst ein skeptischer Kritiker. »Hier hat Reinhardt wirklich Geniales geschaffen... Der Lebhaftigkeit des pestgeplagten Volkes, das nach der königlichen Burg strömte, stand die monumentale Großartigkeit des Palastes gegenüber. Wie dieser Palast zu Beginn des Stücks durch glückliche Beleuchtungsideen mehr und mehr Gestalt gewann und die Zuschauer nach und nach in die alte Zeit hinübergleiten ließ, um sie nach bewegter Handlung wieder zur Wirklichkeit zurückzuführen, das wird jedem, der dabei war, unvergeßlich bleiben. Der Zirkus war in düsteres Grau gehüllt, um die gedrückte, finstere Stimmung der Tragödie zu erzeugen. Über dem Ganzen lastete ein ungeheures

Max Reinhardt

Tilla Durieux als Königin Jokaste

Paul Wegener als König Oedipus

Szenenbild aus Reinhardts Inszenierung des ›König Oedipus‹ 1910

dunkelrotes Velum (d.i. Segeltuch), das die himmlische Atmosphäre veranschaulichen sollte.«

»Reinhardt trotzte dem Stallgeruch des Zirkus«, schreibt ein anderer Rezensent. Mit der Premiere der »Orestie« des Äschylos trotzt er ihm am 13. Oktober 1911 erneut. Und am 1. Dezember 1911 bringt er ein den mittelalterlichen Mysterienspielen nachempfundenes Stück vom Leben und Sterben eines reichen Mannes heraus, das später – vor mächtiger Domfassade unter freiem Himmel inszeniert – allsommerlich Touristen aus vielen Ländern zu den Salzburger Festspielen locken wird: »Jedermann« von Hugo von Hofmannsthal.

Beflügelt vom Erfolg der Zirkusgastspiele, schmiedet Max Reinhardt Pläne für ein »Riesenvolkstheater«, in dem er »Volksfestspiele« veranstalten will. Anfang 1914 versucht er, Vertreter der Bildungsausschüsse der Gewerkschaften und der Sozialdemokratischen Partei für sein Projekt zu gewinnen, um sich nach dem Muster (und als Konkurrent) der Volksbühnenorganisation einen festen Abonnentenstamm zu sichern. Literaten und Dramaturgen propagieren während des Krieges in Denkschriften Max Reinhardts Idee eines »Nationaltheaters«, in dem »eine ganz neue, den sozialen Schichten der Zeit gemäßere Auffassung vom Wesen der Schaubühne zum Ausdruck kommen« soll.

Trotz der schönen Worte ist und bleibt das Theater unter den Bedingungen des Kapitalismus für den Privatunternehmer Max Reinhardt zwangsläufig auch ein Geschäft, bei dem man Geld gewinnt – oder verliert. »Im Deutschen Theater und in den Kammerspielen hat er meiner Meinung nach nicht allzuviel Ersparnisse machen können«, urteilt Eduard von Winterstein, langjähriges Mitglied des Reinhardt-Ensembles: Erst durch die Inszenierung des »Ödipus«, die nach der Aufführungsserie im Zirkus Schumann auf Tournee in halb Europa gezeigt wurde, habe Max Reinhardt »den Grundstock zu seinem Vermögen gelegt«. Der Rechtsanwalt Max Epstein, Finanzexperte des Berliner Theaterlebens, bestätigt Wintersteins Vermutung: »Reinhardt hat noch nie soviel Geld verdient wie in dem Jahr, wo er mit dem ›Ödipus‹ in Berlin und außerhalb gastieren konnte. Das hat ihn mehr und mehr in dem Gedanken bestärkt, einen Raum von der Art und Größe des Zirkus dauernd als Theater auszugestalten.«

Künstlerische und finanzielle Erwägungen bestimmen also Max Reinhardt, das Projekt eines Arenatheaters energisch voranzutreiben. Seinem Bruder und Geschäftsführer Edmund gelingt es schließlich, eine Gruppe der Hochfinanz für das Vorhaben zu interessieren. Im September 1917 wird mit einem Stammkapital von 1,6 Millionen Mark die National-Theater AG gegründet. Kommerzienrat Hermann Fränkel beteiligt sich mit 635 000 Mark, Direktor Ludwig Langer mit 100 000. Die Zeitungskonzernfamilie Huck, die in Deutschland 50 Regionalausgaben des »General-Anzeigers« vertreibt und bereits mit Max Reinhardts Deutschem Theater durch Hypotheken geschäftlich verbunden ist, steuert 185 000 Mark zu, und mit 60 000 Mark tritt der Verleger Fernbach als Anteilseigner auf.

Hans Poelzig

Beim Umbau zum Großen Schauspielhaus stürzte die Giebelwand der Bühnenseite ein

Foyer mit der berühmten Bogen-Architektur

Hans Poelzigs Lichtsäulen im Foyer

Monatelang verhandelt die Gesellschaft mit Albert Schumann. In der Feuerversicherungspolice ist das Zirkusgebäude mit 1,375 Millionen Mark veranschlagt. Und auf 6000 Mark pro Quadratrute, das heißt auf insgesamt 2,592 Millionen Mark, schätzen Sachverständige den Marktwert von Grund und Boden Am Zirkus 1. Schumann verlangt zunächst dreieinhalb Millionen. Die finanziellen Nöte seines Unternehmens und die Hypothekenschulden, die auf dem Hause lasten, zwingen ihn zum Preisnachlaß. Am 1. April 1918 übernimmt die National-Theater AG den Riesenbau für 2,75 Millionen Mark. Der Zirkus Schumann verwandelt sich in Max Reinhardts Großes Schauspielhaus.

Die Tropfsteinhöhle

»Als in der Neujahrsnacht meine Frau und ich mit Max Reinhardt und anderen Freunden in dem Kellerrestaurant unter dem Deutschen Theater Silvester feierten, fuhren die harten Töne der nahen Schießerei in die melodiösen italienischen Lieder hinein, die uns der Schauspieler Alexander Moissi zur Gitarre sang«, berichtet der Chefredakteur und Leitartikler Theodor Wolff über die Jahreswende 1918/19.

Der Krieg ist aus, aber in Berlin herrscht kein Frieden. An den Fronten schweigen die Waffen, doch durch die Straßen der Hauptstadt peitschen Maschinengewehrsalven. Deutschlands Throne und Thrönchen sind gestürzt, doch das Volk ist nicht an die Macht gelangt: Im Verein mit kaiserlichen Offizieren und Freikorpsleuten würgen die rechten Führer der Sozialdemokratie die revolutionäre Erhebung des Proletariats ab.

Es gärt in Berlin. Um den Marstall wird erbittert gekämpft, Karl Liebknecht und Rosa Luxemburg fallen nationalistischen Femmördern zum Opfer, rote Matrosen werden standrechtlich erschossen, die Massen hungern und verelenden.

Unberührt von der revolutionären Unruhe und den konterrevolutionären Wirren jagt Max Reinhardt seiner Vision vom kuppelüberwölbten Amphitheater nach: Der Zirkus Schumann wird umgebaut. Vier Architekten experimentieren nach- und nebeneinander herum, ohne eine Lösung zu finden, die Reinhardts Wünschen entspricht, und als bei den Umbauarbeiten im Mai 1918 die Giebelwand der Bühnenseite einstürzt, türmen sich zusätzliche Schwierigkeiten auf, die den Zeitplan über den Haufen zu werfen drohen. Erst der fünfzigjährige Hans Poelzig, Professor an der Technischen Hochschule Dresden, vermag zu verwirklichen, was dem Regisseur vorschwebt. Als Stadtbaurat von Dresden hat Poelzig in den vergangenen Jahren ein neues Stadthaus und eine Feuerwache projektieren, aber nicht ausführen dürfen. Die Verwandlung des »Bankerts aus Markthalle und Zirkus« in ein riesiges Arenatheater stellt ihn vor eine Aufgabe, die ebenso reizvoll wie schwierig ist. An jeder Ecke des Gebäudes stößt Hans Poelzig auf Beengungen und Grenzen, die er nicht sprengen kann; überall muß er versuchen, störende, aber statisch unerläßliche Elemente der Markthallenkonstruktion Hitzigs aus dem Jahre 1867 und des Erweiterungsbaus von 1888 organisch in seine Konzeption einzubeziehen.

*Der Zuschauerraum
mit den Stalaktiten*

»Die Nordfront der Karlstraße gegenüber zeigte noch, allerdings auf geringe Tiefe, das alte Basilikasystem der Markthalle«, erläutert Hans Poelzig in der Festschrift zur Eröffnung des Großen Schauspielhauses seine Arbeit. »Ich entschloß mich zur Anlage eines einzigen mächtigen Giebels, der am besten den gewaltigen Innenraum nach außen symbolisiert. Die Seitenfronten wurden in Anlehnung an ein altes System in Eisenfachwerk, das noch aus der Markthallenzeit her bestand, rhythmisch gegliedert, so daß sich eine einheitliche Bogenarchitektur über alle Flächen der Seitenansichten hinzieht. Die Rückansicht nach dem Schiffbauerdamm zu erhielt den gleichen großen Giebel wie die Vorderansicht...

Die Schwierigkeiten, die die Außenfront einer klaren und endgültigen Lösung der Architektur entgegenstellte, wurden durch die Schwierigkeiten, die sich in den Innenräumen boten, noch weit übertroffen. Nicht nur im großen Zuschauerraum, sondern in fast allen Umgängen befanden sich eiserne Stützen, die aus Gründen der Sicherheit nicht entfernt werden konnten und die zum Teil regellos in den Räumen standen. Für die Hallen und Gänge wurde als Hauptmotiv eine Bogenarchitektur gewählt, die sich am besten den alten eisernen Stützen, Streben und Bögen anpaßte, während die eisernen Stützen, soweit sie nicht umhüllt wurden, mit Säulen ummantelt wurden, die der Beleuchtung zu dienen haben. In sämtlichen Haupträumen ist versucht worden, eine direkte Beleuchtung zu vermeiden und die Belichtung der Räume durch eine indirekte Lichtgebung zu erzielen, die durch elliptische und parabolische Spiegel erzeugt wird, welche das Licht an Decken und Wände werfen, von denen es zurückgestrahlt wird...«

Das kniffligste Problem hat der Architekt im Kernstück des Hauses, dem riesigen Theatersaal, zu meistern. Nach Max Reinhardts Wünschen soll eine gigantische Kuppel Arena und Vorbühne überspannen. Eine herkömmliche, glatte Konstruktion würde die Akustik empfindlich beeinträchtigen, vielleicht sogar zerstören. Hans Poelzig gibt der Kuppel daher eine gestaffelte Form mit hängenden Zapfen, die die Tonwellen zerstreuen und einen Rückhall ins amphitheatralisch ansteigende Auditorium verhindern. Ein Kranz kleinerer Stalaktiten verbindet den unteren Rand des ungewöhnlichen, kühn konzipierten Gewölbes mit der flachen Decke des Zuschauerraums und schlingt sich um die Eisenstützen, auf denen schon die alte achteckige Kuppel des Zirkus ruhte.

Hans Poelzigs Lösung wird heftig umstritten. Der Kunsthistoriker Richard Hamann befürchtet, diese Art »indisch-arabischer Stalaktitenarchitektur mit expressionistischen, von bengalischen Beleuchtungen hervorgezauberten Farbeffekten« müsse dazu führen, den Betrachter »für das eigentliche Schauspiel unempfänglich zu machen«. Andere Kritiker spotten über den »Riesenschuppen aus einem Angsttraum« und schmähen den Bau als »Wechselbalg« mit »Einschlag von Amerikanismus und Asiatismus«.

Die skeptischen und harten Urteile bleiben in der Minderheit. Bei der kompakten

Majorität der Fachleute erntet Hans Poelzig hohes Lob. Das Große Schauspielhaus geht in die Architekturgeschichte ein. Es macht seinen Schöpfer bei den Experten berühmt und bei den Massen populär: Der Berliner Volkswitz verleiht dem Theater mit der Stalaktitenkuppel den Spitznamen »Tropfsteinhöhle«.

Max Reinhardt läßt seine neue Spielstätte mit der modernsten Bühnentechnik ausstatten. Der Himmel des Zuschauerraums geht in den der Hauptbühne über, die von einem gewaltigen, 1200 Quadratmeter großen Kuppelhorizont umschlossen wird. 30 Meter in der Breite und 22 Meter in der Tiefe mißt diese Hauptbühne; sie hat eine Drehscheibe von 18 Meter Durchmesser und wird links und rechts von zwei beweglichen 4,10-Meter-Treppen begrenzt. Drei verschiebbare Vorbühnen ermöglichen es, das Spiel in die Arena hinunterzutragen und inmitten des Publikums zu agieren. Mit Gruppen von Scheinwerfern kann jeder erdenkliche Lichteffekt erzielt werden. Und sollte es den Regisseur danach gelüsten, dann ziehen die Wolken, die der Wolkenapparat auf den Horizont zaubert, gleichzeitig nach beiden Seiten ...

»Eine kühne Grotte, von Märchenlichtern durchflossen. Hinterbühne, Bühne, Vorderbühne, Plattformen, Treppen, die bis in den Himmel führen: ein Triumph der Technik«, schwärmt der Rezensent Fritz Engel – und schränkt seinen Hymnus fast im gleichen Atemzug mit der nüchternen Bemerkung ein: »Vorerst ist das Große Schauspielhaus ein Versuch ... Wir wollen abwarten, wie es sich entwickelt.«

Wird dem »Triumph der Technik« der des Theaters folgen?

Shakespeare im Unkunststall

Max Reinhardt beginnt mit der »Orestie«. »Lysistrata«, »Hamlet«, »Julius Cäsar«, »Der Kaufmann von Venedig« und »Ein Sommernachtstraum« schließen sich an. Reinhardt verpflanzt sein Erfolgsrepertoire der Vorkriegszeit ins Große Schauspielhaus. Shakespeare-Inszenierungen begründeten seinen Ruhm in Berlin, und mit der Premiere der »Lysistrata« machte er anno 1906 Theatergeschichte: Die in Schleiergewänder gehüllten Athenerinnen und Spartanerinnen der antiken Komödie verzichteten auf die üblichen fleischfarbenen Beintrikots und zeigten zum erstenmal auf einer deutschen Schauspielbühne nackte Waden.

Für die Neufassung der einst vielgepriesenen Aufführungen bietet der Regisseur ein glänzendes Ensemble auf. Alexander Moissi, der geschmeidige Dalmatiner mit dem unverwechselbaren Singsang der Diktion, und der kraftvolle, oft dämonische Paul Wegener gehören schon seit Jahren zu den gefeierten Stars der Reinhardt-Bühnen. Zu ihnen stoßen Darsteller, die sich erst in den letzten Monaten ganz nach vorn, in die erste Reihe spielten und nun zuweilen fast über Nacht zur Prominenz aufsteigen: der auf phantastische Weise wandlungsfähige Werner Krauß und der noble Ernst Deutsch, der vollsaftige Emil Jannings und der bullige Eugen Klöpfer, Paul Hartmann, Aribert Wäscher, Wilhelm Dieterle, Hermann Thimig, Heinrich George und Agnes Straub.

Ernst Stern, Reinhardts Ausstattungschef seit anderthalb Jahrzehnten, baut für die

Emil Jannings
1920 im Großen Schauspielhaus

»Das alte Spiel von Jedermann«
im Großen Schauspielhaus

»Orestie« eine Bühnendekoration aus mächtigen Quadern auf. Für die »Hamlet«-Aufführung entwirft er bewegliche Wände, die zusammengeschoben und auseinandergerückt werden können, und steckt die Akteure in zeitlos stilisierte, pelzbesetzte Kostüme mit langen, losen Mänteln, faltenreichen Capes und hohen Gamaschen.

»Augenblickseindrücke stärkster Art wurden erzeugt. Der Menge im Zuschauerraum stockte der Atem, wenn sie sich selbst im Abbild gegen das Podium branden und brausen sah«, charakterisiert ein Chronist die Regie der Massenauftritte im Großen Schauspielhaus. Aber es bleibt bei grandiosen »Augenblickseindrücken«. »Reinhardt hat zwar ein neues Theater, doch für dieses Theater nicht den neuen Ausdruck. Er bleibt hinter den Anforderungen seiner eigenen Szene zurück«, bemängelt Herbert Jhering, der Kritiker des »Börsen-Courier«.

Auf der Suche nach diesem »neuen Ausdruck« verwischt Max Reinhardt die Grenzen zwischen Spiel und Wirklichkeit. Bei der Uraufführung von Romain Rollands Drama »Danton« verwandelt er das Theater unter Einschluß des Zuschauerraumes in den Gerichtssaal des Revolutionstribunals, das den Dantonisten den Prozeß macht. Auf vorgestrecktem Podium sitzen die Angeklagten, auf der Hauptbühne die Ankläger, in der Arena drängt sich das Volk – ein meisterhaftes Arrangement, das die Möglichkeiten der Spielflächen ausschöpft. Max Reinhardt genügt es nicht. Er postiert unter dem Publikum Schauspieler, die durch Zwischenrufe, Beifallsbekundungen und Proteste in die Verhandlungen eingreifen: Der Besucher soll aus der bloßen Zuschauerrolle in den Part eines Prozeßbeteiligten gedrängt werden.

Dieser Regieeinfall sichert der Inszenierung neunzig Vorstellungen. Doch der Triumph, den Max Reinhardt beim »Ödipus«-Gastspiel in der nur provisorisch hergerichteten Arena feierte, wiederholt sich im technisch perfekt ausgestatteten Großen Schauspielhaus nicht.

»Manchmal schien es, als ob er die wilhelminische Ära mit ihrem Fieber nach Glanz auf der Bühne abspiegele«, deutet ein Rezensent in der Rückschau Reinhardts Vorkriegserfolge: Er inszenierte gegen das Hoftheater, aber verwurzelt in der Epoche dieses Hoftheaters. Jetzt ist der echte und falsche Glanz der Kaiserzeit verblichen. Alte Anhänger und Bewunderer des großen Regisseurs trauern der vollendeten Kunstwelt nach, die Reinhardt einst auf die Bretter des Deutschen Theaters zauberte, und wettern wie der Herausgeber der »Weltbühne«, Siegfried Jacobsohn, gegen den »Unkunststall« Am Zirkus 1.

Die Freunde von gestern verargen Max Reinhardt die Experimente des »Zirkus-Unternehmens«; den ungebärdigen jungen Intellektuellen ist sein Spielplan zu konservativ, seine Regie nicht modern genug. Vor zehn, vor fünfzehn Jahren setzte er sozialkritische Werke Ibsens, Strindbergs, Wedekinds und Sternheims auf der Bühne durch – oft gegen die Einwände der Kritik und das Mißtrauen des gutbürgerlichen Publikums. Jetzt melden sich Schriftsteller einer neuen Generation ungestüm zu Wort, und Regisseure aus dem vordrängenden Nachwuchs engagieren sich für Hasenclever und Kaiser.

Toller und Bronnen. Und nicht bei Reinhardt, sondern in den Münchener Kammerspielen wird »Trommeln in der Nacht« uraufgeführt, das Stück eines jungen Dichters, der für die Dramatik und die Schauspielkunst in Deutschland bald epochale Bedeutung gewinnen soll: Bert Brecht.

Vor dem Kriege hatte Max Reinhardt unter den Theaterdirektoren Berlins geschäftliche Konkurrenten, aber keine künstlerisch gleichrangige Konkurrenz. Seit 1919 beginnt sie rasch heranzuwachsen. Im Staatlichen Schauspielhaus am Gendarmenmarkt, dem ehemaligen Hoftheater, weht ein frischer Wind den Staub der Vergangenheit weg. Der neue Intendant, Leopold Jeßner, stellt in einer kühnen, vieldiskutierten Inszenierung »Wilhelm Tell« auf die Schrägen und Podeste einer nahezu kahlen Bühne und provoziert damit eine Premierenschlacht zwischen erbitterten Gegnern und enthusiastischen Befürwortern.

Max Reinhardt ist nicht mehr ungekrönter König des Berliner Theaters, allenfalls noch der Erste unter Gleichen. Sein strahlender Ruhm fängt an, ein bißchen zu verblassen; sein Ensemble bröckelt ab. Paul Wegener mag in dem »Unkunststall« keine Klassiker spielen, überwirft sich mit Reinhardt und geht als unsteter Reisestar auf Tournee. Im April 1920, wenige Wochen nach der »Danton«-Aufführung, in der er die Titelrolle verkörperte, verläßt er das Große Schauspielhaus. Ein Jahr danach erneuert der Ausstattungschef Ernst Stern seinen Vertrag nicht mehr. Emil Jannings, dem Rezensenten eine glänzende Theaterzukunft prophezeien, wandert in die UFA-Ateliers nach Babelsberg ab.

Der Film hat sich vom Kintopp zur Leinwandkunst gemausert, er lockt talentierte Darsteller mit dankbaren Aufgaben – und höheren Gagen. Im Großen Schauspielhaus aber sinken unterdessen die Einnahmen. Fast vier Millionen Menschen wohnen in Groß-Berlin, seit ihm im Jahre 1920 acht benachbarte Städte, 59 umliegende Landgemeinden und 26 Gutsbezirke einverleibt wurden. Ein riesiges Besucherreservoir. Dennoch reicht es nicht aus, um den Zuschauerraum des Arenatheaters allabendlich zu füllen. Das Volk, dem Max Reinhardt hier Festspiele veranstalten wollte, bleibt aus, weil es durch Arbeitslosigkeit und Inflation verarmt. Die Teuerungswelle entwertet die Löhne der Arbeiter und frißt die geringen Ersparnisse kleiner Handwerker und Ladeninhaber auf. An der ökonomischen Krise zerbricht der Traum vom »Riesenvolkstheater«. Max Reinhardt kapituliert. Im April 1923, dreieinhalb Jahre nach der Eröffnung, verabschiedet er sich vom Großen Schauspielhaus mit einer Inszenierung von Shakespeares Tragödie »König Lear«. Werner Krauß spielt die Titelrolle; Hans Poelzig hat für die Riesenbühne imposante, klar gegliederte Bauten entworfen. »Es gehört zur Tragik dieses Hauses, daß es in der letzten Aufführung zum erstenmal räumlich beherrscht schien«, konstatiert Herbert Jhering im »Börsen-Courier« und beklagt, »daß auch diesmal der Regisseur die Intentionen des Architekten nicht erfüllen konnte. So wurde die letzte Schauspielaufführung noch zu einer Übersicht über alle Möglichkeiten und Mißverständnisse des Hauses.«

Ein künstlerischer und geschäftlicher Erfolg wird sie nicht. Max Reinhardt, in seinen Hoffnungen enttäuscht, sucht ihn anderswo – in einem neuen Komödienhaus am Kurfürstendamm, im Wiener Theater in der Josefstadt, bei den Salzburger Festspielen und in New York, wo er den Amerikanern gegen gute Dollars eine Pantomime zeigt. Die Hektik der Inflationszeit, in der eine dünne Schicht von Spekulanten Millionen gewinnt und das Volk fast alles verliert, erfaßt auch den Theatermann Max Reinhardt. Sein Betrieb wächst sich trotz (oder vielleicht gerade wegen) der Krise zum Konzern aus, in dessen Spielstätten Reinhardt nur noch als Regiegast auftaucht. In seinem Stammhaus, dem Deutschen Theater, setzt er den Dramaturgen Felix Hollaender als Direktor ein. Für das Große Schauspielhaus hält er Umschau nach einem Könner der heiteren Muse.

»Orestie« mit glücklichem Ausgang

Als der ehemalige Zirkus Schumann nach kompliziertem Umbau als Großes Schauspielhaus seine Pforten öffnet, erfährt auch das Untergeschoß des Gebäudes einen Funktionswandel: Wo sich einst die Fischbassins und der Eiskeller der Markthalle befanden und später, in den Zeiten des Zirkus, das Tunnelrestaurant Speise und Trank bot, zieht im Dezember 1919 das literarisch-politische Kabarett ein. Hausherr Max Reinhardt hat die Anregung gegeben – gewiß nicht aus einem Augenblickseinfall heraus, sondern weil er alte Bindungen zu Parodie und Satire hat. Im Januar 1901, als er noch in Otto Brahms berühmtem Ensemble spielte, gründete Max Reinhardt mit mehreren jungen Kollegen, darunter dem Regisseur Dr. Martin Zickel und dem Schauspieler Friedrich Kayßler, das Kabarett »Schall und Rauch«. In einem Saal in der Bellevuestraße, danach im Kleinen Theater Unter den Linden nahmen sich spielfreudige und talentierte Künstler Abendurlaub von der ernsten Muse, der sie sonst in Klassikern und in Stücken Gerhart Hauptmanns oder Henrik Ibsens dienten. Sie führten witzige literarische Parodien auf und verulkten – sehr zum Ärger der kaiserlichen Zensur, doch zur hellen Freude des Publikums – in pointierten Dialogen zwischen dem Duodezfürsten Serenissimus und dessen Adjutanten Kindermann die borniert Arroganz höfischer Kreise. Mit der Leitung dieses Kabaretts begann Max Reinhardts Direktorenlaufbahn in Berlin.

»Schall und Rauch«, der Name von damals, wird wiederbelebt, als der Schriftsteller Rudolf Kurtz und der Reinhardt-Dramaturg Heinz Herald im einstigen Renz-Tunnel der Satire ein Domizil schaffen. Kurt Tucholsky, Walter Mehring und Klabund schreiben für das zweite »Schall und Rauch« geschliffene, politisch oft aggressive Texte; Friedrich Hollaender und Werner Richard Heymann steuern die Musik bei.

»Schall und Rauch« von 1919 steht links, links von der indifferenten oder reaktionären Bourgeoisie und links von den opportunistischen Führern der deutschen Sozialdemokratie. »Wohin du trittst, wohin du spuckst,/ Nur Schieber! Schieber! Schieber!« charakterisiert im Eröffnungsprogramm ein Chanson Kurt Tucholskys die hektische Geschäftemacherei spürnasiger und skrupelloser Spekulanten, die aus dem Warenmangel der ersten Nachkriegsmonate, dem einsetzenden Kursverfall der Währung und der wachsenden Verelendung des Volkes klingende Münze schlagen. Und der rechte Sozialdemokrat Gustav Noske, der gegen die revolutionären Arbeiter und Soldaten Regimenter aus Freikorpsleuten und kaiserlichen Gardeoffizieren aufmarschieren ließ, wird mit den Zeilen attackiert: »O Publikum, ich frage bloß:/ Wann werden wir den und andre los?«

Während auf der Riesenbühne und in der Arena des Großen Schauspielhauses Tragöden die getragenen Verse der »Orestie« deklamieren, zeigt »Schall und Rauch« unten im Tunnel auf dem Brettl das Marionettenspiel »Einfach klassisch – eine Orestie mit glücklichem Ausgang« von Walter Mehring und nimmt dabei Max Reinhardts technisch aufwendige Inszenierung ein bißchen auf die Schippe: »Gehn Sie mal zu Reinhardt oben./ Einfach Klasse, was se proben!/ Wie geölt die Orestie!/ Alles mit Maschinerie!«

Henny Porten, der große Star am stummen Kintopphimmel, wird als »Henny Pythia«, die für »ein ministeriöses Honorar« von der Leinwand lächelt, in einem Chanson durch den Kakao gezogen. Und in antiker Verkleidung zitieren die Kabarettisten auch den abgedankten Monarchen aufs Brettlpodium: Wilhelm II. tritt in ihrem Marionettenspiel als geflüchteter Orest auf und beschwert sich, daß man ihn beim Grenzübertritt nach Holland weder mit Flaggenschmuck noch mit feierlichen Reden empfangen habe...

Der junge Schauspieler Gustav von Wangenheim, der später als Theaterleiter, Regisseur und Schriftsteller einen wesentlichen Beitrag zur Entwicklung der sozialistischen Theater- und Filmkunst leisten wird, singt in »Schall und Rauch« eigene Pierrot-Lieder. John Heartfield – anderthalb Jahrzehnte nach der Kabarettgründung Schöpfer antifaschistischer Fotomontagen, die um die ganze Welt gehen – hilft beim Modellieren der Masken für die »Orestie mit glücklichem Ausgang«.

Stützen des Ensembles, in dem Wangenheim und Heartfield zum Nachwuchs zählen, sind Paul Graetz und Gussy Holl. Der Schriftsteller Arnolt Bronnen hat den drahtigen Darsteller Graetz, einen Urberliner mit »leicht angeheiserter eiserner Schnauze« (der aus Glogau stammte), als »kabarettistisches Großmaul, dessen Stärke die ungebrochene, rauschende, unaufhaltsame Tirade war«, charakterisiert. Und Ernst Toller hat es 1939, nach dem Tode von Paul Graetz, im amerikanischen Exil unternommen, der Eigenart und den Quellen seiner Kabarettkunst nachzuspüren:

»Ich erinnere mich daran, wie ich mit Paul Graetz durch Berlin fuhr. Durch die Straßen, den täglichen Geschäften zugewandt, hasteten die Menschen, aber wenn ihr Blick sich erhob und auf meinen Begleiter fiel, lächelten sie, und sie winkten ihm zu, und sie nannten ihn bei seinem Namen: Paule, sagten sie, Paule. Dieser Anruf, heiter und beschwingt, war der Dank des Volkes für die Heiterkeit und Beschwingtheit, die er ihm geschenkt. Ihm war die Gabe verliehen, den Menschen aus der Misere des Tages zu lösen, daß er über seiner privaten Not nicht die allgemeine vergesse, sich nicht ›so wichtig nehme‹ und über sich lache, über sich, seine Torheit, seine Eitelkeit, seine abgründige Dummheit. ›Mutterwitz‹ nannten die Berliner diese Gabe, und sie wollten damit sagen, daß dieser Witz nicht gelernt werden könne, daß man ihn besitzen müsse als eine natürliche, hellsichtige Gabe des Geistes.«

Für »Schall und Rauch« schreiben Kurt Tucholsky und Walter Mehring dem populären »Paule« Chansons »auf den Leib«. Keß und aggressiv bringt Paul Graetz die satirische Warnung vor dem drohenden Rechtsdrall der jungen Republik (»Was man am Tage demokratisch macht,/ Wird leise umgewandelt in der Nacht«), und temperamentvoll, herzlich, schnoddrig sprudelt er die Verse heraus, die die turbulente Betriebsamkeit Berlins beschreiben: »Keine Zeit! Keine Zeit! Keine Zeit!«

Von ganz anderer Art ist Gussy Holl: eine elegante, feingliedrige Blondine, eine Chansonette, der ein Zeitgenosse nachrühmt, daß sie »des Tenors wie des Basses Fugen in gleicher Weise überraschend beherrscht« und »alle Register einer Diseuse großen Formats schier aus der Kniekehle holt«. »Sie kann machen, daß aller Herzen denselben Takt schlagen – sie singt irgendeine kleine Dummheit, und die Leute bekommen weiche Augen –, sie lacht, und eine unbändige Heiterkeit breitet sich aus«, schwärmt selbst der professionelle Spötter Kurt Tucholsky. Mit heiter-ironischer Zartheit singt Gussy Holl in »Schall und Rauch« seine graziöse Japanromanze »In Europa ist alles so groß, so groß,/ Und in Japan ist alles so klein...«, und mit erotischem Pfiff persifliert sie – ebenfalls nach Worten Tucholskys – die Nackttanzwelle, die nach dem Ende des ersten Weltkriegs die Berliner Tingeltangels zu überfluten beginnt: »Zieh dich aus, Petronella, zieh dich aus!«

Neben Paul Graetz und Gussy Holl tritt Blandine Ebinger, ein schmächtiges Figürchen mit schmalem Gesicht und lang fließendem Haar. Ihre oft umwerfend drollige Komik ist von einem leise melancholischen Hauch umweht. Mit hoher und spitzer Stimme, mit langgezogen schwebenden Tönen findet sie in »Schall und Rauch« einen unverwechselbaren Vortragsstil. (In den »Liedern eines armen Mädchens« wird sie wenig später durch diesen Stil – und dieser Stil durch sie – berühmt.)

»Schall und Rauch« wird zur Talentschmiede, zum Sprungbrettl für namhafte Kabarettisten der zwanziger Jahre. Eindringlich und zornig warnt Rosa Valetti »General! General!/ Wag es nur nicht noch einmal!« – »Die schlürfenden Kriegsgewinnler im Parkett verschluckten sich an ihrem Knallkümmel, als Rosa Valetti mit ihrer Trompetenstimme die ›Rote Melodie‹ in das Publikum schleuderte«, erinnert sich Friedrich Hollaender an die Wirkung dieses antimilitaristischen Chansons.

Als Hans von Wolzogen im Jahre 1920 die Leitung von »Schall und Rauch« übernimmt, holt er aus München einen skurrilen Poeten auf die Berliner Kabarettbühne: Joachim Ringelnatz rezitiert seine »Turngedichte« und klönt in heiteren, zuweilen versponnenen und manchmal derbkomischen Versen von den Abenteuern des Seemanns Kuttel Daddeldu.

Nach seinem Gastspiel beginnt der Glanz von »Schall und Rauch« zu verblassen. Langsam verschwindet die aktuelle politische Satire aus den Programmen. Die Inflation, die das Geld rascher und rascher entwertet, führt zu finanziellen Rückschlägen. Mit der Operettenparodie »Hose von Stambul« versucht Wolzogen 1921 das stagnierende Geschäft zu beleben, doch der Niveauschwund ist nicht mehr aufzuhalten. Das pure Amüsement, das in der »Hose von Stambul« noch persifliert wird, verdrängt das literarische Kabarett.

Oben, im Großen Schauspielhaus, ist Max Reinhardt an der Ungunst der ökonomischen Verhältnisse mit dem Projekt gescheitert, ein Riesenvolkstheater mit anspruchsvollem Spielplan zu führen. Leichtgeschürzte Künste sollen aus der Klemme helfen. Unten, im Kabarettunnel, wird ein ähnliches Problem mit ähnlichen Mitteln gelöst: »Schall und Rauch« wird ein Vergnügungskabarett, wie es viele in Berlin gibt.

Ein Hausherr wird gesucht

Der Versuch, mit Hilfe raffinierter Bühnentechnik eine Renaissance des altgriechischen Amphitheaters einzuleiten, ist gescheitert. In der Arena werden Parkettsitze aufgestellt. Das Gebäude Am Zirkus 1 braucht ein anderes Repertoire, einen anderen Stil, ein anderes Publikum. Und Max Reinhardt braucht einen neuen Leiter.

Eine Spielzeit lang herrscht ein Interregnum der Operette. Unter der Direktion Maximilian Sladeks werden, nach einem erfolgreichen Saisonauftakt mit der »Törichten Jungfrau« von Oscar Straus, bewährte und vielfach erprobte Klassiker des musikalischen Unterhaltungstheaters gefällig aufpoliert: »Boccaccio«, »Gasparone«, »Vogelhändler«, »Bettelstudent«. Die heile Operettenwelt des 19. Jahrhunderts findet in diesen Monaten, da die Fieberkurve der Inflation steigt und in der Gesellschaft nichts mehr heil zu bleiben droht, ein aufnahmebereites, zur stundenweisen Flucht in die »gute alte Zeit« unschwer verführbares Publikum. Magnet und gefeierter Star des Hauses ist die Sängerin Cordy Milowitsch. (Über zwei Jahrzehnte später wird sie, zur »komischen Alten« herangereift und noch immer populär, auf den Brettern des neuen Metropol-Theaters agieren, das in der Trümmerstadt Berlin behelfsmäßigen Unterschlupf in einem Kino an der Schönhauser Allee findet.)

Maximilian Sladek kann zufrieden sein – bis ihm die Uraufführung der »Frommen Helene« am Silvesterabend 1923 eine böse Überraschung beschert. Die Premierenvorzeichen stehen günstig: Das Libretto stützt sich auf Wilhelm Buschs witzige Vorlage. Friedrich Hollaender, der den Weltruhm seiner Filmchansons zum »Blauen Engel« noch vor sich, aber einige Talentproben im Kabarett bereits hinter sich hat, schrieb die flotte Musik. Der Kapellmeister Max Roth vom Metropol dirigiert, und Käthe Dorsch, in der heiteren Muse ebenso zu Hause wie in der Tragödie, schlüpft ins züchtige Gewand der scheinheiligen Helene.

Im zweiten Akt bricht der Aufruhr los. Als 45 schlanke, scheinbar hochgeschlossene Mädchen zu einem schrägen Jazzakkord wie aus dem Boden gewachsen auf der Bühne

Die Begründer des »Schall und Rauch«

Joachim Ringelnatz

Paul Graetz

Das »Schall und Rauch« 1920 unter Hans von Wolzogen

Rosa Valetti, Karikatur von A. Major

*Marcellus Schiffer,
Rudolph Nelson und
Friedrich Hollaender (v. l. n. r.)*

stehen, spenden die Besucher, vom effektvollen Auftritt begeistert, stürmischen Applaus. Der Beifall erstirbt in einem gellenden Pfeifkonzert, als sich die jungen Damen umdrehen – und zutiefst entblößt präsentieren.

Hübsche Nackedeis auf den Brettern sollten (so meint man, und so hat es auch die Direktion vermutet) die Bürger im Parkett nicht zu sittlicher Entrüstung provozieren. In den Amüsiercabarets der Friedrichstadt hopsen barbusige Figurantinnen scharenweise auf die Podien und stellen pikante »lebende Bilder«. Und durch radikalen Verzicht auf Textilien hat sich in den ersten Nachkriegsjahren die skandalumwitterte Anita Berber mit einem schwülen »Morphium-Walzer« in den Ruhm getanzt. Ihr schöner Körper und ihr schlechter Ruf trugen ihr Engagements in schlüpfrigen »Sittenfilmen« ein, und der Kunstverlag Gurlitt vertreibt in niedriger Auflage zu hohen Preisen eine kostbare Mappe mit Aktzeichnungen, für die Anita Berber einer bekannten Grafikerin Modell stand.

Was ihnen in Nachtlokalen nur allzu recht ist, erscheint den Zuschauern im Großen Schauspielhaus nicht billig. Der Einbruch der Nuditäten-Mode in die konventionelle Welt der Operette weckt die eingeschlafene Biedermannsmoral. Die Direktion, die freizügig, modern und keß sein wollte, hat sich verkalkuliert. Auf dem Theaterparkettplatz neben der höchst ehrbaren Frau Gemahlin übt sich der Bourgeois in Anstand. Er will Soubretten und Tänzerinnen angeregt und träumerisch ins tiefe Dekolleté schielen, aber nicht vor vollendete nackte Tatsachen gestellt werden.

Der Regelverstoß der »Frommen Helene« rächt sich. Nach vier Vorstellungen verschwindet das Stück in der Versenkung. Bald darauf verschwindet auch Direktor Maximilian Sladek aus dem Großen Schauspielhaus. Als Stehaufmännchen des kapitalistischen Theaterbetriebs taucht er wenig später an einer anderen Berliner Unterhaltungsbühne wieder auf.

Doch Am Zirkus 1 steht ein neuer Hausherr schon vor der Tür.

Die politische Arena

Wer Herr im Großen Schauspielhaus sein könnte und müßte, wenn der Regisseur Max Reinhardt nicht den Profitzwängen der Klassengesellschaft erlegen wäre, zeigt sich in Meetings und Kundgebungen.

Als Versammlungsort diente das Gebäude schon in den Tagen des alten Renz: Am 4. August 1890 referierte hier Robert Koch vor in- und ausländischen Teilnehmern des X. Internationalen Kongresses der Mediziner und Naturforscher über die Entdeckung des Tuberkulins. Phantasiebegabte Dekorationsbauer hatten den Riesenraum für die Tagung nach dem Vorbild des Zeustempels von Olympia zur antiken Kultstätte umgestaltet, in der eine Kolossalstatue Äskulaps, des Gottes der Heilkunde, thronte.

Die Veranstaltungen der zwanziger Jahre finden nicht für befrackte Geheimräte und würdige Professoren und nicht vor pompösen Kulissen statt: In die Solidaritätskundgebungen der Internationalen Arbeiterhilfe strömt in den Kuppelsaal des Großen

Film- und Projektionsbilder:
u. a. der tote Karl Liebknecht

rechts: Zuschauer. Am Pult
Edmund Meisel

*X. Internationaler Kongreß
der Mediziner und Naturforscher
1890 im Zirkus Renz*

*»Trotz alledem« –
eine Piscator-Inszenierung 1925
im Großen Schauspielhaus*

Schauspielhauses das Berliner Proletariat. Als die Nachricht vom Tode Lenins eintrifft, versammeln sich am 24. Januar 1924 Tausende zu einer schlichten und bewegenden Gedächtnisfeier. Für einige Stunden ergreifen Berlins Arbeiter Besitz vom »Riesenvolkstheater« – vom Zuschauerraum und von der Bühne. Auf den Brettern postieren sich Sprechchöre der Fichtesportler und Agitpropgruppen der Kommunistischen Partei. In ihren Reihen auch der Schauspieler Herwart Grosse und der spätere Stellvertreter des Ministers für Kultur der DDR, Kurt Bork.

Am 12. Juni 1925 weicht die Traumfabrik, die sich volkstümlich gibt, noch einmal dem wahren Volkstheater, das den Klassenkampf nicht verkleistert, sondern szenisch darstellt. Das keine Illusionen vorgaukelt, sondern Einsichten und Erkenntnisse vermittelt. Das die gesellschaftliche Realität parteilich interpretiert, um sie verändern zu helfen.

»Trotz alledem!« lautet die Überschrift des letzten Artikels, den Karl Liebknecht im Januar 1919 für die »Rote Fahne« schrieb. »Trotz alledem!« lautet fünfeinhalb Jahre danach der Titel der Agitprop-Revue, die im Großen Schauspielhaus anläßlich des X. Parteitages der KPD aufgeführt wird. In kollektiver Arbeit geschaffen, zeigt die Revue in Szenen und Sprechchören, Liedern und Gedichten, im Zusammenklang von Wort, Musik und Bewegung den Kampf der deutschen Arbeiterklasse vom Ausbruch des Weltkrieges bis zur Ermordung Rosa Luxemburgs und Karl Liebknechts. Ernst Toller und Erich Weinert (der auch rezitiert) haben Texte beigesteuert. John Heartfield, der Schöpfer aggressiver Fotomontagen, entwarf das Bühnenbild; Erwin Piscator führt Regie.

Berufskünstler, unter ihnen der Schauspieler Gerhard Bienert und der Kabarettist Karl Schnog, wirken zusammen mit einem Ensemble des Roten Frontkämpferbundes; und neben unbekannten Laien aus Berliner Arbeitervierteln tritt eine weltberühmte Frau auf: Isadora Duncan, Reformatorin des Tanzes, die – umjubelt und befehdet – seit Jahren auf vielen Bühnen vieler Länder barfuß und in leichtem Schleiergewand gastiert. Eine rote Fahne schwingend, tanzt sie eine Szene, betitelt »Die Internationale«.

»Die Masse begann mitzuspielen«, schreibt die »Rote Fahne«, das Organ der KPD. »Das Theater war für sie zur Wirklichkeit geworden, und sehr bald war es nicht mehr: Bühne gegen Zuschauerraum, sondern ein *einziger* großer Zuschauerraum, ein *einziges* großes Schlachtfeld, eine *einzige* große Demonstration. Diese Einheit war es, die an dem Abend endgültig den Beweis erbrachte für die Agitationskraft des politischen Theaters.«

»Trotz alledem!« erregt Aufsehen in Berlin – auch bei bürgerlichen Fachleuten. »Die Revue kennt keine einheitliche Handlung, sie holt ihre Wirkung aus allen Gebieten, die überhaupt mit dem Theater in Verbindung gebracht werden können«, erläutert Erwin Piscator die Gestaltungsprinzipien der Aufführung.

Eines der bedeutendsten Werke der Filmgeschichte, Sergej Eisensteins »Panzerkreuzer Potemkin«, wird 1926 anläßlich des zweiten Todestages Lenins in einer Gedenkfeier der sowjetischen Handelsvertretung im Großen Schauspielhaus – und zum ersten Male in Deutschland – aufgeführt. Der Film, zum 20. Jahrestag der russischen Revolution von 1905 gedreht, leitete inhaltlich und formal eine neue Epoche in der Filmgeschichte ein und beeinflußt die proletarische Filmentwicklung in der ganzen Welt.

»Wirkung aus allen Gebieten, die überhaupt mit dem Theater in Verbindung gebracht werden können«, versucht im Großen Schauspielhaus auch der Nachfolger des gescheiterten Direktors Maximilian Sladek zu ziehen. Doch die Revuen, die er inszeniert, sollen das Volk nicht revolutionieren, sondern ablenken. Sie sollen die Konkurrenz in der Unterhaltungsbranche übertrumpfen, und sie sollen die Finanzen des Hauses Am Zirkus 1 sanieren.

Der Mann, der diese Aufgaben übernommen hat, heißt Erik Charell.

Ein Briefträger macht Karriere

Wir blenden zurück zum 29. August 1913. Im Deutschen Theater wird Carl Vollmoellers Pantomime »Venetianische Nacht« erstaufgeführt. Das Publikum ist in ausgezeichneter Stimmung. In der Direktionsloge und hinter den Kulissen beginnt das Premierenfieber allmählich der begründeten Zuversicht auf vollen Erfolg zu weichen, als ein Zwischenfall die Theaterleute erbleichen läßt.

Die Handlung schreibt vor, daß ein Briefträger über die leere Bühne zu gehen hat. Im selben Augenblick soll sich im Hintergrund eine Tür öffnen, durch die eine Hochzeitsgesellschaft erscheint. Doch die Tücke des Objekts macht der Regie einen dicken Strich durch die Rechnung und vereitelt den pünktlichen Auftritt des festlichen Brautzuges: Die Tür geht nicht auf, sie ist verklemmt. Die Pantomime droht ins Stocken zu geraten.

Der Kapellmeister am Pult merkt, daß sich eine Katastrophe anbahnt, und ruft dem Darsteller des Briefträgers beschwörend zu: »Nicht abgehen...! Improvisieren Sie etwas!« Der Künstler tut's; er tanzt – eine Minute, zwei Minuten, drei Minuten lang, und er überbrückt die Zwangspause im Handlungsablauf so großartig, daß das Publikum begeistert applaudiert.

Der Tänzer Erik Charell, der durch Geistesgegenwart und Können die Premiere rettet, ist an diesem Abend noch ein unbekannter Anfänger, und der Programmzettel vermerkt seinen Namen ziemlich weit unten. Das Stegreifsolo in der »Venetianischen Nacht« leitet den Aufstieg ein. Erik Charell gründet eine Ballettkompanie, mit der er in Ungarn und in der Schweiz gastiert. Im Berliner Lessingtheater am Friedrich-Karl-Ufer, wo einst Gotthold Schumanns Wellblechzirkus stand, inszeniert er abendfüllende Pantomimen. Als nach dem Kriege prächtige Kinopaläste am Kurfürstendamm aus dem teuren Boden wachsen und den jungen Film für den guten Bürger gesellschaftsfähig machen, tritt seine Truppe in den bunten Bühnenschauen auf, die als Beiprogramm zu Lustspielklamotten und Monumentalschinken gezeigt werden. Das Charell-

Die Charell-Revue »Von Mund zu Mund« mit Hans Wassermann, Curt Bois, Claire Waldoff, Wilhelm Bendow und Erika Glässner (v. l. n. r.)

Die Tiller Girls in der Revue »An Alle« 1924

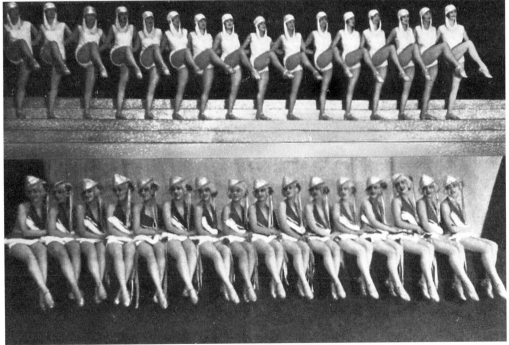

Ballett tanzt im neuen UFA-Theater am Zoo, und es tanzt in den alten Varietés. Im noch immer repräsentativsten Haus der Branche in Berlin, dem »Wintergarten«, heimst es ein halbes Jahr lang allabendlich stürmischen Beifall ein.

Max Reinhardt erkennt die ungewöhnlichen Fähigkeiten des Tänzers, Choreographen und Truppenchefs und zieht ihn zur Mitarbeit in seinen Unternehmen heran. Als er im Januar 1924 das Mysterienspiel »Mirakel« zwölf Jahre nach der triumphalen Londoner Uraufführung für das Century Theater New York einstudiert, gehört Erik Charell schon zu seinen engsten Beratern.

Der Ansturm der amerikanischen Zuschauer auf die Vorstellungen befreit Max Reinhardt aus finanzieller Bedrängnis, aber nicht von der Sorge um die Zukunft des Großen Schauspielhauses. Doch das Gastspiel in den USA bringt ihm nicht bloß Dollars, sondern auch die rettende Idee.

»Sie waren mit mir in New York. Dort füllt man ständig größte Häuser mit musikalischen Revuen. Ich halte Sie für den Mann, so etwas in einer künstlerisch gesteigerten Form auch bei uns in Berlin zu machen. Nehmen Sie mir das Große Schauspielhaus ab!« schlägt er Erik Charell vor. Der Briefträger aus der »Venetianischen Nacht« wird Theaterdirektor.

Zum Auftakt beschert er den Berlinern einen Musikimport aus Übersee. Aus den Kellerlokalen von New Orleans ist der Jazz der nordamerikanischen Neger in den letzten Jahren nach New York vorgedrungen. Heiße Rhythmen, schräge Akkorde und eigenwillige Synkopen haben die Schlager der Shows und Musicals vom Broadway verändert. Jetzt beeinflussen sie auch die Unterhaltungsmusik Europas. Rauschende Walzer und hurtige Galopps der wilhelminischen Zeit werden von Ragtime und Onestep abgelöst. In den Nachtbars der hauptstädtischen Vergnügungsviertel und beim Five-o'clock-tea im eleganten Hotelrestaurant tanzen die Damen und ihre Gigolos Jazz – oder das, was nach der Kommerzialisierung durch Manager und Verleger davon noch übriggeblieben ist.

Erik Charell bietet den Jazz – oder das, was die Leute dafür halten – als große konzertante Schau. Aus New York verpflichtet er das berühmte Orchester Paul Whitemans, den Rcklameagenten geschäftstüchtig zum »King of Jazz« ernannt haben. Whitemans pompöse, gefällig geglättete Arrangements treffen genau den Geschmack des Bürgertums. Bei seinem Gastspiel im Großen Schauspielhaus erklingt an der Spree zum erstenmal George Gershwins »Rhapsody in Blue«. Eine Lichtorgel setzt zum Rhythmus optische Akzente und zaubert wechselnde Farbeffekte in den Riesenraum.

Der Amerikaner Whiteman dirigiert nur die Ouvertüre zur neuen Ära. Im Oktober 1924, mehrere Wochen nach Beginn der Berliner Theatersaison, öffnet sich der Vorhang für die erste Charell-Revue »An Alle«. Aufwendige Vorbereitung und gründliche Proben haben den Terminplan über den Haufen geworfen. Doch die Mühen zahlen sich aus: Schon das Entree schlägt ein. Auf den Unterhaltungsbühnen ist es gefürchtet. Verspätete Besucher, die im Halbdunkel tappend ihre Plätze suchen und sich durch

Der Tänzer Erik Charell

die Sitzreihen quetschen, machen es zum Alptraum für Regisseure und Darsteller. Erik Charell nimmt das Publikum liebenswürdig auf die Schippe und schiebt zur Freude der Herren Zuschauer den Frauen die Schuld an der chronischen Unpünktlichkeit in die modischen Lackschuhe. Er zeigt eine Szene in Variationen – im hochvornehmen, im gutbürgerlichen und im kleinbürgerlichen Milieu. Jedesmal drängt ein ungeduldiger Ehemann zum Aufbruch – einmal im pikfeinen Frackmantel, einmal im wertvollen Pelz, einmal im schlichten Paletot. Und jedesmal verschönert und putzt sich die Gemahlin noch vor dem Spiegel. Stoßseufzer und gemeinsamer Refrain der geplagten Gatten: »Ich möchte einmal im Theater den Anfang sehen...«

Bei Erik Charell sehen sie, falls sie den Anfang sehen, 23 bunte Revue-Bilder. Max Reinhardts ehemaliger Ausstattungschef Ernst Stern ist ans Große Schauspielhaus zurückgekehrt und hat großzügige Dekorationen auf die Bretter gestellt. Ralph Benatzky, Rudolf Nelson und Irving Berlin haben zündende Melodien komponiert, die rasch zu Schlagern werden. Von dem Librettisten Fritz Beda und dem Kabarettisten Willy Prager stammen Liedertexte und Dialoge, die zuweilen nicht ohne Witz sind – und fast immer an der Oberfläche dahinplätschern. Das Entree markiert den Kurs: »Allgemein-menschliche« Schwächen und Torheiten werden aufs Korn genommen; Ehekrach und Ehebruch müssen für Pointen herhalten. Und zwischendurch wird in flotten Reimen zu schmissigen Melodien kräftig die Werbetrommel für Berlin, die »lebendigste«, »aufregendste«, »erotischste« Stadt der Welt, gerührt.

Ein Heer von Komparsen und gutgewachsenen Figurantinnen bevölkert die Bühne, und neben dem Hausballett werfen die Londoner Tiller-Girls exakt wie preußische Grenadiere beim Paradenmarsch die schlanken Beine. Cordy Milowitsch und Albert Kutzner tragen den Stimmenglanz der alten Operette in die moderne Schau. Die populären Komiker Wilhelm Bendow, Leo Peukert und Oskar Sabo scherzen und albern sich durch die Sketche.

Vom Großen Schauspielhaus macht das Wort »knorke« als Ausdruck höchster Anerkennung blitzschnell die Runde und geht in den Sprachschatz der Berliner ein. Claire Waldoff hat es auf einer Probe geprägt. Hier röhrt sie zum erstenmal ihr berühmtes »Warum soll er nicht mit ihr vor der Türe stehn?«.

Die Revue »An Alle« erreicht fast alle, vom Großbürger bis zum kleinen Mann, weil sie in geschickter Mischung von allem und für jeden etwas bietet. Durch die Traumwelt verschwenderischer Szenerie und die Dürftigkeit der Dialoge blitzt und schimmert die Atmosphäre von Berlin. Mondänes paart sich mit der drastischen Volkstümlichkeit des Schwankdarstellers und des Coupletstars. Zum Ohrenschmaus beim Lied der Diva gesellt sich die Augenweide beim Aufzug andeutungsweise bekleideter Tänzerinnen. Und wenn die Pointen zu erlahmen drohen, dann wirbeln Weltklasseartisten über die Bretter. Ein Warenhaus der heiteren Muse, in dem jeder findet, was er sucht – in gefälliger Verpackung und erster Qualität.

Erik Charell hat spürnasig die Wünsche des Publikums gewittert und sich als Regisseur von Phantasie und Einfallsreichtum bewährt. Bei den Revuen »Für Dich« und »Von Mund zu Mund« bleibt er seinem Erfolgsrezept – und der Erfolg ihm treu. In den zwei oder drei Stunden eines Theaterabends bittet er die Zuschauer zum »Fünf-Uhr-Tee im Fernen Osten« und zur »Brautnacht in Venedig« mit »Lebenden Lampions«. In einem Hotelzimmer findet eine dramatische Auseinandersetzung, an Bord eines Ozeanriesen ein rauschendes Fest statt. »Original Tiroler Schuhplattler und Watschentänzer« sorgen für die krachlederne Kontrastnote und bringen rustikalen Duft in den Hauch der großen weiten Revuewelt. In ihrem Buch »Weeßte noch...?« erinnert sich Claire Waldoff: »Die Revuen von Charell im Großen Schauspielhaus waren die großartigsten von Berlin. Wunderschöne Frauen, wunderschöne Girls und Boys, internationale Musiker, herrlichste Ausstattung, Orchester und großartigste Artistik. Es war im schönsten Sinne eine weltstädtische Show und die ganzen Jahre über ausverkauft.«

Max Reinhardt hat mit der Berufung Erik Charells eine glückliche Wahl getroffen.

Glanz und Elend der Revue

Nicht nur im Großen Schauspielhaus werden Mitte der zwanziger Jahre Ausstattungsrevuen gespielt. Die Konkurrenz sitzt Erik Charell fast vor der Nase, am anderen Ufer der Spree. In der Komischen Oper an der Weidendammer Brücke, in der – ihrem Namen zum Trotze – schon seit langem nur die leichte und seichte Muse regiert, schwingt der Revuedirektor James Klein das Zepter. Ein paar Schritte weiter, im Admiralspalast am Bahnhof Friedrichstraße, hat sich Hermann Haller dem Revuespektakel verschrieben. Einst – erinnern wir uns? – leitete er im Haus Am Zirkus 1 zwei Spielzeiten lang glücklos das Neue Olympia-Riesentheater. Die Pleite von damals warf ihn nicht um. Für eine Weile übernahm er ein Operettenhaus, das Theater am Nollendorfplatz, und eine Unterhaltungsbühne in Hamburg; er verfaßte Libretti und reimte Schlagertexte. Jetzt inszeniert er gigantische Shows, und die Werbeplakate des Admiralspalastes verheißen »50 grandiose Bilder, 100 entzückende Modelle, 200 bezaubernde Frauen, 1000 originelle Ideen, 2000 phantastische Kostüme«.

Um die Jahrhundertwende konnten sich die öden Monsterballette des Neuen Olympia-Riesentheaters nicht gegen die Metropol-Revuen behaupten. »Die luxuriös angemachte Mischung aus Pikanterie und Berlinischen Derbheiten, aus Farben, die das Gehirn benebeln, wenn es einigen Plattheiten auf die Spur kommt, und aus Schlüpfrigkeiten, die hier am charmantesten eingekleidet werden, schmeckt dem Gaumen derjenigen, für die sie bestimmt ist«, rühmte ein Chronist das Revuetheater für die oberen Zehntausend im Metropol.

Doch die Zeit und die Gesellschaft haben sich gewandelt. Die Metropol-Revue ist tot, gestorben mit der wilhelminischen Ära. Die schneidigen, näselnden Gardeoffiziere in den Logen, die ihrem karikierten Abbild auf den Brettern frenetisch zujubelten, sind Eintänzer in Nachtbars und Pressechefs bei Industrieunternehmen geworden oder unterminieren in völkischen Bünden und Femeorganisationen die Republik. Die Wohlstandsbürger im Parkett, die sich trotz ihrer Profitgier Sinn für geschäftliche Solidität und einen Rest patrizischer Kultur bewahrt hatten, verloren ihre Position in den Wirren der Nachkriegsjahre an skrupellose Raffkes und neureiche Inflationsschieber.

Der Walzerrausch wich dem Charlestonfieber. Das schmelzende Loblied auf die »Süßen Mädel im Casino« ist verklungen unter den flotteren Rhythmen, in denen die »Marie von der Haller-Revue« gepriesen wird. Kein kaiserlicher Zensor achtet mehr darauf, daß Choristinnen und Komparsinnen ihre Reize nur präsentieren, indem sie sie raffiniert enthüllend verhüllen. Die Walküren und Germanias, deren üppiger Busen aus dem Dekolleté drängte, räumten ihren Platz auf den Brettern sportlichen, schlanken Girls, die alle Rundungen – soweit vorhanden – radikal und ungeniert entblößen. Die Nacktheit auf der Bühne, vor dem Kriege bei einigen Entschleierungstänzerinnen des Varietés als sittenwidrige, aber schöne Sensation betrachtet, ist im neuen Revuetyp zur allabendlichen Massenerscheinung geworden.

»Unsereins erschrickt auf seinem Parkettplatz zunächst, wenn da so ein gutes Dutzend schöngewachsener, fast nur mit winzigster Badehose bekleideter weiblicher Gardegrenadiere von verblüffender Ähnlichkeit auftritt und einen beschleunigten Paradenmarsch auf der Stelle ausführt, der sich rasch bis zum Presto steigert«, urteilt in »Velhagen und Klasings Monatsheften« der Kritiker Paul Oskar Höcker, ein konservativer Herr an einem stockkonservativen Blatt, das in wehmütigen Reminiszenzen an die »gute alte Vorkriegszeit« schwelgt. Die modernen Bourgeois der zwanziger Jahre erschrecken nicht. Sie genießen – die ausgezogenen Mädchen und die luxuriös angezogenen Stars. Die mageren Jahre sind vorüber, die unsicheren Zeiten, in denen die Gesellschaftsstruktur zu zerbrechen drohte, sind nur noch eine böse Erinnerung. Das Bürgertum ist aus Revolution und Inflation noch einmal heil davongekommen. Die Mark hat sich wieder stabilisiert, der Krise folgt eine Scheinblüte, aus Amerika fließen Kredite in die deutsche Wirtschaft und heizen das Geschäft auf Dollarpump kräftig an. Die nächste weltweite Depression steht schon vor der Tür, aber noch hat die herrschende Klasse Grund zu feiern, und sie feiert sich selbst – im Glanz der Ausstattungsrevue.

Die Internationale Neuheiten-Vertrieb GmbH, Eigentümerin der Komischen Oper, und die Admiralspalast AG überschlagen sich, um die Wünsche der zahlungskräftigen Kundschaft zu erfüllen, und spornen die Direktoren Klein und Haller zum edlen Wettstreit um die prächtigsten Dekorationen, die eingängigsten Schlager, das größte Staraufgebot und die nacktesten Mädchen an. »Das hat die Welt noch nicht gesehen!« oder »Tausend nackte Beinchen« versprechen die Revuen der Komischen Oper, »Berlin ohne Hemd« und »Die Sünden der Welt« zeigt der Admiralspalast.

Trotz der verschiedenen Titel gleichen sich die Shows fast wie ein Ei dem anderen. »In ein paar Dutzend Bildern geht die Fahrt nach London, Wien, Paris und New York vor sich, nach Spanien, nach dem Orient. In Modesalons, Luxusbars, Parfümerien, Zigarettenläden, Kabaretts, Theatergarderoben, Juwelen-, Blumen- und Antiquitätengeschäften entwickeln sich farbige Bilder«, schildert ein Chronist das Standardgerüst.

Komiker möbeln zwischendurch die Stimmung auf, und Girlparaden halten, wie der Feuilletonist Alfred Polgar spottet, als »fleischfarbenes Band« die Revue zusammen.

»Ich fürchte, daß ich der einzige bin, der dieses Genre haßt. Gerade ich, dem man immer vorschwafelt, daß er sich darin ›unübertrefflich‹, ›unverwüstlich‹ und ›humorsprühend‹ herumtummelt«, klagt in seinem Buch »Stiefkind der Grazien« der brillante Schauspieler und Kabarettist Paul Morgan, der nach eigenem Bekenntnis »gar viele Revuen verfaßt, angesehen und gespielt hat« und im Jahre 1925 zur Startruppe Charells stößt. »Ich finde diesen ›Farbenrausch‹, das ›Märchen von Frauenschönheit‹, den ›bunten Teppich der Kostümpracht‹ einfach zum Davonlaufen. Von der Albernheit der kindischen Dialoge, diesem Sammelalbum alter Witze, und den an ausländischen Haaren herbeigezogenen Sketchen gar nicht zu reden. Den ganzen, auf Denkfaulheit und Provinzlergier zugeschnittenen Mischmasch müßte endlich der Teufel holen. Aber der denkt leider nicht daran, ihn zu holen, läßt mit satanischer Freude den Plunder weiterbestehen, duldet, daß der großaufgemachte Schmarrn Riesengeschäfte macht, und daß die Kassen stets umlagert sind... Ich selbst ertrage das nicht mehr. Ein ganzes Theaterjahr muß ich dieses leere Gerede von mir geben, Abend für Abend den Amüsierpöbel über die Pausen zwischen den Ausstattungsbildern hinwegschwatzen. Zorn steigt in mir auf, die Zwangsvorstellung werde ich nicht los, ein Maulesel zu sein, der stundenlang um einen Brunnen kreisen muß!«

Aufschrei eines verbitterten Spaßmachers. Glanz und Elend der Revue. Machen wir uns nichts vor: Im Prinzip schneidert Erik Charell im Großen Schauspielhaus nach derselben Vorlage wie die Herren Haller und Klein, doch im Detail liefert er statt der Konfektion von der Stange sorgfältige Maßarbeit.

Sein vorzüglicher Kapellmeister Ernst Hauke schwingt den Taktstock vor einem 60-Mann-Orchester – im Orchestergraben des Admiralspalastes fiedeln, zupfen und blasen nur 32 Musiker. Bei ihm werfen 150 Girls die Beine – in der Komischen Oper besteht das »fleischfarbene Band« lediglich aus 35 jungen Damen. Erik Charell startet zum Rennen um Publikumsgunst auf einer weiträumigeren, technisch perfekter ausgerüsteten Bühne als seine Konkurrenten, und auf den Brettern des Großen Schauspielhauses versammeln sich ein paar Komikerasse und Gesangsstars mehr als in den Revuetheatern am anderen Ufer der Spree. Doch nicht allein die Menge tut es. Vielleicht sind Erik Charells brustfreie Mädchen ein bißchen hübscher, ganz bestimmt sind sie besser gedrillt. Sein stärker besetztes Orchester spielt nicht nur lauter, sondern auch die einfallsreicheren Schlager der begabteren Komponisten. Und die Ausstattung, die der Akademieprofessor Ernst Stern entwirft, zeigt neben der größeren Pracht den besseren Geschmack.

Doch der wichtigste Faktor der Revue-Erfolge im Großen Schauspielhaus ist Erik Charell selbst. Der ehemalige Tänzer und Ballettchef versteht es hervorragend, Massen auf der Bühne zu bewegen und Soloauftritte wirksam zu arrangieren. Er studiert die Turbulenz auf den Brettern ungeheuer präzise ein. Und er inszeniert als guter Ge-

Eine Revue im Apollo-Theater

schäftsmann selbst den »spontanen« Beifall aus dem Zuschauerraum mit peinlicher Akkuratesse.

Honorierte Beifallspender und bezahlte Lacher saßen schon im Großen Schauspielhaus, als es noch Zirkus Schumann hieß. »Als wir unsere erste Gage in Empfang nahmen, kam ein sehr elegant gekleideter junger Mann zu mir und stellte sich als Chef der Zirkusclaqueure vor«, berichtet der Musikalclown Bim alias Radunsky über sein Berliner Gastspiel im Jahre 1901. »Zunächst begriff ich überhaupt nicht, was dieser Mensch von mir wollte, bis mir endlich ein Licht darüber aufging, daß besagter ›Chef‹ mir für die Dauer unseres Engagements eine bestimmte Summe abverlangte. Er drohte mir, daß er, falls wir uns weigern sollten, den geforderten Betrag zu zahlen, seine Leute veranlassen würde, während unseres Auftritts zu lärmen und zu pfeifen ... Wohl oder übel mußten wir den Claqueuren unseren Tribut entrichten.«

Erik Charell ersetzt diesen anarchischen Klein- und Einzelhandel mit Applaus durch eine von der Direktion gesteuerte, exakte Organisation. Er engagiert einen »Chef de Claque«, der seine »Mitarbeiter« nach einer genauen Regiekonzeption einzusetzen und planmäßige Beifallsstürme auszulösen hat.

Der bestellte Jubel vermag schwache Pointen hochzujubeln, ein flau gestimmtes Auditorium mitzureißen und die Publikumsmeinung ein bißchen zu manipulieren. Eine miese Revue könnte er nicht in einen Kassenschlager verwandeln. Und er würde verpuffen, wenn Erik Charell nicht mit untrüglicher Sicherheit spürte, was bei den Zuschauern ankommt, was gefragt ist, was in der Popularitätskurve steigt. Er überragt seine direktorialen Kollegen vom Admiralspalast und von der Komischen Oper nicht bloß als Regisseur. Er ist ihnen auch im geschäftlichen Instinkt für Marktlücken und Marktbedürfnisse der heiteren Muse fast stets um eine Nasenlänge voraus.

Im Frühjahr 1925 vermarktet er Heinrich Zille. Der kritische Humorist des Zeichenstifts und künstlerische Anwalt der Armen ist um diese Zeit Mode geworden bei der Wohlstandsgesellschaft. In »Zille-Filmen« schlachtet der stumme Kintopp das Milieu der Hinterhöfe, Kellerwohnungen und Destillen für verlogene Dirnentragödien und reißerische Verbrecherstories aus, auf »Zille-Bällen« finden ehrsame Bürger todschick und ungeheuer amüsant, sich als zerlumpte Apachen und nuttige Mädchen aus der Ackerstraße zu kostümieren. Zilles Mitleid wird kommerziell ausgebeutet, seine bittere Anklage zum puren Spaß umgebogen.

Im Herbst 1924 fügt James Klein in seine Revue »Das hat die Welt noch nicht gesehen!« ein Zille-Bild ein. Erik Charell übertrumpft die Konkurrenz und veranstaltet einen ganzen, langen Zille-Abend – in Anwesenheit des Meisters. Fünfzig Mark berappen finanzkräftige Besucher für die besten Plätze, als am 21. März 1925 mit dem gesamten Ensemble des Großen Schauspielhauses der »Hofball bei Zille« steigt. Es wird ein rauschendes, turbulentes Fest. Der Mann, der mit seinem Namen dafür herhalten muß, sitzt irgendwo in einer Ecke. Heinrich Zille zeichnet, zeichnet Claire Waldoff, die – ein Bild aus seinen Bildern – auf den Brettern schwoft. Kurz nach ein Uhr verläßt er enttäuscht den Saal. Seine Hoffnung, beim Amüsement der Satten werde ein ansehnlicher Geldbetrag für die Hungrigen herausspringen, erfüllt sich nicht. »Bin in letzter Zeit manchmal recht betrogen worden!« schreibt er erbittert seiner Tochter.

Glanz und Elend der Revue... Erik Charell erkennt früher als seine Konkurrenten, daß sich ihre Hochkonjunktur dem Ende zuneigt. Die Effekte werden abgenutzt und verschlissen. Die große bunte Show droht im Prunk zu ersticken und die immensen Kosten nicht mehr einzuspielen. Als das Publikum der verschwenderischen Pracht, um die sich kein geistiges, sondern bloß ein »fleischfarbenes Band« schlingt, überdrüssig zu werden beginnt, stellt sich Erik Charell um. Er setzt auf die Operette – die Revue-Operette. Er behält recht.

Aus alt mach neu

Die pompöse Ausstattungsrevue, die in luxuriöser Verpackung fast gar keinen Inhalt liefert, wirtschaftet in der zweiten Hälfte der zwanziger Jahre langsam ab. Schneller als das Genre steuert einer der gestern noch mächtigen Revuedirektoren der Pleite entgegen: Im Jahre 1926 wird James Klein von der Komischen Oper die Theaterkonzession entzogen.

Die Revue ist tot – es lebe die Revue! Ihre Formelemente, Tricks und Kniffe dringen in andere Bühnenbereiche ein, von der sozialkritischen Dramatik bis zur Artistenparade.

Bei der Agitpropevue »Trotz alledem!« bediente sich Erwin Piscator im Großen Schauspielhaus zum erstenmal des jungen Mediums Film: Von den Brettern sprangen Ereignisse auf die Leinwand über, Einzelpersonen an der Rampe wurden durch gefilmte Massenversammlungen abgelöst. Die Verschmelzung von Bühnenhandlung und Filmdokument, die er in der Revue erfolgreich erprobt, überträgt Erwin Piscator auf seine kühnen, von Kritik und Publikum heiß diskutierten Schauspielinszenierungen. Als er Jaroslav Hašeks Roman »Der brave Soldat Schwejk« für das Theater einrichtet, nutzt er die raffinierte moderne Show-Technik für einen glänzenden dramaturgischen Einfall: Der verschmitzte Titelheld tritt seinen beschwerlichen und hindernisreichen langen Marsch nach Budweis auf einem Laufband an.

Um dieselbe Zeit drängt das mondän-literarische, manchmal versnobte, aber fast immer witzige Kabarett des Kurfürstendamms vom herkömmlichen Nummernprogramm zur Kabarettrevue. »Nimm die große Metropolrevue und mach sie klein. Nimm die tausend süßen Beinchen und laß sie weg... Ausstattung und Bauchnabel, Orchester und Straußenfedern, die vier Rauschmittel brauchst du nicht. Aus fünf und sechs gesellschaftskritischen Seitenhieben... mach sieben und acht. Erweitern, verkleinern. Hier aufpumpen, dort Luft auslassen«, beschreibt der Komponist Friedrich Hollaender das Rezept. Es bewährt sich, nicht nur in seiner Kabarettrevue »Bei uns – um die Gedächtniskirche rum«, über die der Kritiker Herbert Jhering urteilt: »Endlich beginnt man in Deutschland einzusehen, daß die Revue die aktuelle, gesprochene, gesungene Zeit ist! Endlich wird man schärfer, gegenständlicher, deutlicher.«

Hier aufgepumpt, dort Luft ausgelassen hat auch Rudolf Nelson, der mit etwas weniger satirischem Pfeffer und ein bißchen mehr Zuckerguß flotte Miniaturrevuen zubereitet. Und genommen, um sie wegzulassen, hat die tausend süßen Beinchen der talentierte Autor Marcellus Schiffer. 1926 parodiert er mit der Kabarettrevue »Die fleißige Leserin« den verklatschten Inhalt, die marktschreierischen Inserate und die albernen Titelbilder der Unterhaltungszeitschriften und Magazine. Zwei Jahre später beschert ihm und dem Komponisten Mischa Spoliansky die Kammerrevue »Es liegt in der Luft« einen Riesenerfolg. Der szenische Rahmen – ein Warenhaus vom Lift bis zur Umtauschkasse – ist den großen Shows von Charell, Haller und Klein entlehnt. Aber Marcellus Schiffer füllt ihn nicht mit Kostümpracht und Federputz, sondern mit witzigen Couplets und frechen oder mondänen Chansons. Die junge und schöne Marlene Dietrich, die sich 1922 im Großen Schauspielhaus noch mit wenigen Sätzen aus dem 5. Akt von Shakespeares »Der Widerspenstigen Zähmung« begnügen mußte, spielt 1926 für die erkrankte Erika Glässner die Comère in der Charell-Revue »Von Mund zu Mund«. Nun singt sie das kesse Titellied: »Es liegt in der Luft eine Sachlichkeit, es liegt in der Luft eine Stachligkeit,/ es liegt in der Luft was Erotisches,/ es liegt in der Luft was Idiotisches...«

Marlene Dietrich steht auch (»reizend anzusehen«, wie die Kritik vermerkt) auf den Brettern, als im September 1929 im Berliner Theater in der Charlottenstraße das revuehafte musikalische Lustspiel »Zwei Krawatten« von Georg Kaiser und Mischa Spoliansky uraufgeführt wird. »Die Geschehnisse sind originell, die Fabel ist bunt, das Drumherum ist von einem gescheiten Kopf erfunden, das Tempo ist Hetzjagd, und ein paar Couplets erheben sich beträchtlich über den Kneipenton, wie ihn die üblichen Revuelieferanten anzuschlagen pflegen«, berichtet ein Rezensent über den gelungenen Versuch, die alte Berliner Tradition volkstümlicher Possen mit Gesangs- und Tanzeinlagen durch moderne Revuezutaten wieder zu beleben.

Revue, Revue – auch im Varieté. Seit 1920 ist dem renommierten »Wintergarten« ernsthafte Konkurrenz erwachsen. Im Berliner Westen, in der Lutherstraße, öffnete ein zweites Großvarieté die Pforten: die »Scala«. Skeptische Fachleute räumten ihr zunächst wenig Überlebenschancen ein. Aber sie hielt sich und gedieh, weil sie das alteingesessene Unternehmen in der Dorotheenstraße nicht kopierte, sondern einen eigenen Stil suchte und fand. Im »Wintergarten« sorgen gastierende Solisten und Gruppen für das tänzerische Element, in der »Scala« marschiert ein flottes Girlballett auf. Und dominiert in der Dorotheenstraße das gute alte Nummernprogramm, so werden in der Lutherstraße Varieté-Revuen zu Höhepunkten der Saison.

Die Zeit der pomphaft zelebrierten Revuebilder, in denen sich die Ausstattung selbständig machte, läuft ab. Die Epoche der Revue, die durch die bunte Vielfalt der lockeren Form die Möglichkeiten des Theaters, des Kabaretts, des Varietés erweitert, hat gerade erst begonnen. Erik Charell zieht aus dieser Erkenntnis Schlüsse für das Große Schauspielhaus: Er putzt alte Operetten zu neuen Revue-Operetten auf.

Marlene Dietrich

Willy Schaeffers, Blandine Ebinger, Ilse Bois, H. M. von Twardowsky in der Hollaender-Revue »Es kommt jeder dran« 1928

Mischa Spoliansky

Doch ehe Am Zirkus 1 die von geschickten Bearbeitern verjüngte Operette eine mehrjährige, glanzvolle Herrschaft antritt, kehrt auf die Riesenbühne gastweise noch einmal das Schauspiel zurück – nicht mit einem Klassiker der Weltliteratur wie zu Max Reinhardts Regiezeiten, sondern mit einem Klassiker des Edelkitsches: mit »Alt-Heidelberg«.

Als das Stück um die Jahrhundertwende in Berlin uraufgeführt wurde, hatte noch auf der Generalprobe niemand an einen Erfolg zu glauben gewagt. Zu antiquiert, zu rührselig, zu verlogen erschien selbst den Theaterleuten der wilhelminischen Ära die Geschichte von Kneipenfidelitas und Liebesromantik des Korpsstudententums: Karl-Heinz, Erbprinz von Sachsen-Coburg, entflammt als flotter Studiosus in heißer Liebe zur reizenden kleinen Kellnerin Kathi. Als sein durchlauchtigster Oheim stirbt, ruft den Prinzen die schwere Pflicht an die Regierung über ein paar Quadratmeilen thüringischen Landes und zur standesgemäßen Hochzeit mit einer hochgeborenen, aber ungeliebten Prinzessin. In Heidelberg bleibt schluchzend Kathi zurück; denn sie weiß: »Karl-Heinz, du kommst net wieder ...«

Eine Geschichte, wie sie nicht das Leben, sondern der bis dahin erfolglose Schriftsteller Wilhelm Meyer-Förster schrieb. Sie wurde einer der sensationellsten Kassenschlager der neueren Theatergeschichte. »Alt-Heidelberg« eroberte sich nicht nur die Bühnen Deutschlands. Es wurde in Frankreich, in England, in Amerika gespielt, gefeiert und als Ausdruck der »deutschen Seele« gründlich mißverstanden, es wurde – zunächst stumm, später mit Ton – mehrmals verfilmt und unter dem Titel »Student Prince« zum Broadway-Musical umgeformt.

Im Frühsommer 1926, siebeneinhalb Jahre nachdem Deutschlands Throne und Thrönchen verwaisten, wird die tränenselige Romanze vom Prinzen und dem schlichten Mädchen aus dem Volke im Großen Schauspielhaus aus der Mottenkiste geholt und durch ein Monsterpotpourri von »Der Mai ist gekommen« bis »Gaudeamus igitur« musikalisch aufgemöbelt. »Eine schlechte Aufführung ... Im ganzen Winter hat es nichts gegeben, was an Peinlichkeit mit diesem Unternehmen verglichen werden kann«, erbost sich ein Rezensent.

Verantwortlich für die »Peinlichkeit« ist der Schauspieler und Regisseur Alfred Braun, der mit »süßlich schmelzenden Flötentönen« und »preziösem Gehabe« den studierenden und kosenden Prinzen mimt. Dieser Alfred Braun, von dem Kritiker Herbert Jhering sarkastisch als »Schrecken des Schiller-Theaters« apostrophiert, ist gewiß ein miserabler Darsteller. Aber er ist besessen von einem neuen Medium, dem Rundfunk.

Seit Oktober 1923 werden aus dem Vox-Haus in der Potsdamer Straße 4 die Programme der »Berliner Funkstunde AG« in den Äther ausgestrahlt. Neugierige kaufen sich Detektorgeräte, montieren riesige Antennen aufs Hausdach und lauschen, die Ohren in Kopfhörer gezwängt, den seltsam verzerrten Klängen und Worten, die in ihre gute Stube dringen. Was zunächst als technische Spielerei ausgekostet, aber nicht ganz

Die Scala-Girls

*Figurinen
von Ernst Stern zu »Casanova«*

ernst genommen wird, wächst rasch zu einer kulturpolitischen Großmacht heran. Alfred Braun wittert die Chancen des Rundfunks und wird der erste aktuelle Funkreporter Berlins. Er spürt mit dem Mikrophon dem Zeitgeschehen nach, und Tausende lauschen seinen Berichten vom Tage, wenn er sich mit der Ankündigung »Achtung, Achtung, hier spricht Berlin!« aus einem Fußballstadion oder vom Rande des Tempelhofer Flugfeldes meldet.

Durch Alfred Braun und das junge Medium gewinnt auch die künstlerisch dubiose Aufführung von »Alt-Heidelberg« im Großen Schauspielhaus historische Bedeutung: Es ist die erste Funkübertragung aus einem Theater. Der Rundfunk erobert sich Neuland und Massenpublikum. Ende der zwanziger Jahre steigt die Zahl stolzer Radiobesitzer steil an. 1928 wird jeder fünfundzwanzigste Bürger des Deutschen Reiches, aber bereits jeder achte Einwohner Berlins als Rundfunkhörer registriert. Die Theaterdirektoren, die einst den stummen Kintopp als Gefahr für ihre Kassen verfluchten und sich inzwischen daran gewöhnten, mit dem Film zu leben, beginnen den Rundfunk zu fürchten. Erik Charell verbündet sich mit ihm, nicht nur durch »Alt-Heidelberg«. Als nach dem »schwarzen Freitag« an der New Yorker Börse die Wirtschaftskrise auf Deutschland übergreift, als die von Lohnabbau und Arbeitslosigkeit bedrohten kleinen Leute den Groschen dreimal umdrehen müssen, ehe sie ihn dann doch nicht ausgeben können, lockt Erik Charell mit der Devise »Rundfunkhörer zahlen halbe Preise« die Besucher ins Große Schauspielhaus. Er entführt sie aus der Welt wirtschaftlicher Misere und politischer Unsicherheit in die schöne Traumwelt der Revue-Operette.

»Wie einst im Mai« von Walter Kollo, »Mikado« von Arthur Sullivan, »Madame Pompadour« und »Der liebe Augustin« von Leo Fall, »Dreimäderlhaus« von Heinrich Berté, »Casanova« von Johann Strauß, »Die lustige Witwe« von Franz Lehár – dieses Repertoire von fünf Spielzeiten des Großen Schauspielhauses ist auf den ersten Blick gewiß nicht umwerfend originell. In den Jahren der Depression geraten andere Unterhaltungstheater mit sehr ähnlichen Spielplänen tief in die roten Zahlen. Erik Charells Unternehmen floriert. Die Titel erklären nicht den Erfolg. Ins Gewicht fällt, was Erik Charell aus leicht angestaubten Operetten macht. Und – mit wem er es macht.

Stars unter einem Hut

Über die Inszenierung des »Mikado« am Großen Schauspielhaus berichten »Velhagen und Klasings Monatshefte« im Jahre 1927: »Es war ein guter Einfall, das altbewährte Kostümstück wieder einmal aus der Mottenkiste hervorzuholen, ein bißchen abzustauben und mit neuem Aufputz zu versehen. Max Pallenberg feierte darin die ganze erste Hälfte des Berliner Bühnenwinters Abend für Abend stürmische Lacherfolge. Der ehemalige Zirkus in der Karlstraße verträgt die Vergröberung der komischen Wirkungen zu gelegentlicher Clownerie. Die bunten Aufzüge tun das ihre, um ein Publikum anzulocken, das nur eben ein paar Stunden amüsiert sein will. Aber das, was den Welterfolg des ›Mikado‹ ausgemacht hat, das bißchen erdgewachsene englische Musik, de-

Lotte Werkmeister

Max Pallenberg
als Schwejk

Paul Westermeier

Trude Hesterberg

Fritzi Massary
als »Großherzogin
von Gerolstein«

ren Mittler Sullivan war, kommt in dieser auf Massenbetrieb eingestellten Aufführung schon wegen des Riesenraumes nicht so recht zur Geltung. Man hat das Werk auch mit zuviel Jazz durchsetzt. Gerade die Schlichtheit und Sauberkeit der Instrumentation aber machte einen Hauptreiz der ›Mikado‹-Partitur aus ...«

Die Rezension, die ihr Lob mit Wenn und Aber stark einschränkt und ganz gewiß nicht von einem unkritischen Bewunderer Erik Charells geschrieben ist, verdeutlicht das Rezept, nach dem der Direktor des Großen Schauspielhauses ans Werk geht: Erik Charell paßt die alte Operette musikalisch dem Zeitgeschmack und inszenatorisch den gewaltigen Dimensionen seiner Bühne an. Er modelt Szenen um, erfindet revuehafte Massenaufzüge hinzu, präsentiert Einlagen, die man im Originallibretto vergebens suchen würde, und verändert selbst die Rollenprofile. So verwandelt sich in seiner »Mikado«-Fassung die traditionelle Komische Alte in eine superelegante, überkandidelte englische Globetrotterin – von Lotte Werkmeister gespielt –, die in einem Kleinwagen auf die Bretter rollt.

Das zweite Eisen, das Erik Charell stets im Feuer hat, ist das glanzvolle Staraufgebot. Im Großen Schauspielhaus tritt auf, was Rang und Namen in der Welt der heiteren Muse hat. Bei Charell werden Stars herausgestellt – oder gemacht.

In »Mikado« heißt der Publikumsmagnet Max Pallenberg. Der agile, rotblonde Mann mit den ausdrucksvollen Augen und dem vorgewölbten Mund ist zweifellos der bedeutendste Komiker der Epoche: ein genialer Wortverdreher, ein grotesker Spaßmacher – und ein großer Menschengestalter. »Er sprach selten den Text, der im Buch stand; er zerknautschte, zerspellte, zersägte ihn; er stopfte ihn voll mit unartikulierten Lauten, er verdoppelte die Worte und hängte ihnen Silben an, bis eine ganze Kette von Sinn und Unsinn beisammen war«, schildert ein Publizist den »unendlich veredelten Harlekin und gipfelhoch verklärten Wurstl«. Und der strenge Kritiker Alfred Kerr rühmt ihm nach, er bringe »Menschliches in einer Clownsposse«.

Max Pallenberg tobt sich in Lustspielen, Farcen und Operetten aus. Er brilliert als vertrottelter Menelaos der »Schönen Helena« und als Göttervater Jupiter in »Orpheus in der Unterwelt«. Aber er ist, gebürtiger Böhme, auch ein grandioser Schwejk, und wenn er in Max Reinhardts Deutschem Theater Molière spielt, dann spricht der Stegreifkomödiant und Wortjongleur Pallenberg bis aufs Komma exakt die klassischen Dialoge. In Erik Charells Inszenierung des »Mikado« flattert, huscht und schwebt er als Scharfrichter in gespenstischer Komik über die Bretter. Und wenn er ganz zart und verhalten das »Bachstelzenlied« flötet, zwingt er das Auditorium, das eben noch lauthals wieherte, in den Bann seiner großen Kunst.

Als »Madame Pompadour« des Großen Schauspielhauses adelt ein Jahr später seine Gattin Fritzi Massary gefällige Lieder und flache Dialoge. Sie spielte und sang Frankreichs berühmt-berüchtigte grande cocotte schon bei der Uraufführung der Operette im Jahre 1922. Doch ihre Karriere reicht wesentlich weiter zurück: Vor dem Weltkrieg war Fritzi Massary der umjubelte, angebetete Star der Metropol-Revuen. Andere Sterne jener Epoche sind seither verblichen oder untergegangen. Durch Können, Charme und fanatischen Fleiß hielt sich die Massary ganz oben – eine nicht mehr ganz junge Frau, eine strahlende Diva, eine Künstlerin von beispielloser Popularität. Ihr Name, ein Gütesiegel der Operette, ist werbewirksames Markenzeichen für Rosen, Pralinés, Hüte und Zigaretten. Fritzi Massary verwandelt Kitsch in Kunst, sie bleibt dezent selbst bei frivolen Texten, und nach ihren Premieren geraten die bissigsten Rezensenten ins Schwärmen.

»Aus einer Winzigkeit von Singstimme hat sie durch unermüdliches Studium einen klanglich guten, fest sitzenden Ton entwickelt. Sie ist die graziöseste und vornehmste Operettentänzerin geworden. Sie vermag jede Gestalt schauspielerisch bis in die letzte Wirkung durchzuführen. Sie weiß jede Pointe meisterlich zu geben. Wir haben in ihr das klassische Muster ihres Fachs«, heißt es in einer Kritik Mitte der zwanziger Jahre.

»Die Massary kann alles, macht alles – und mit welcher Leichtigkeit macht sie es. Wofür man ihr immer wieder zu danken hat, das ist ihre Diskretion, die nie über die Rampe haut. Sie ist das Beste, was es in diesem Genre augenblicklich gibt«, rühmt Kurt Tucholsky. Der Spott, der dem Satiriker Tucholsky hier abhanden kommt, vergeht angesichts dieser ungewöhnlichen Frau auch dem kritischen Feuilletonisten Alfred Polgar. »Die Noten sind von Leo Fall, die Musik ist von Fritzi Massary!« schreibt er über die Uraufführung der Operette »Die Rose von Stambul« und stellt begeistert die rhetorische Frage: »Welche deutsche Schauspielerin hat noch solche Hände, leichter als Luft? Und welche Gebärden, von solcher Anmut, dramatischer Entschiedenheit und geistiger Transparenz?«

Der Berliner Theaterdirektor und Librettist Rudolf Bernauer, ein Mann vom Fach, der sie auch während der Proben beobachtet, auch hinter den Kulissen erlebt hat, erinnert sich Jahre danach in seinen Memoiren: »Wo Fritzi Massary engagiert war, mußte ihre große Persönlichkeit das Feld beherrschen.« In der Saison 1927/28 beherrscht sie es als Madame Pompadour bei Erik Charell.

Max Pallenberg und Fritzi Massary sind vielleicht die teuersten und gewiß die prominentesten Darsteller, die Charell ans Große Schauspielhaus verpflichtet. Aber sie sind nicht seine einzigen Kassenmagneten. In jeder Inszenierung, mit der er mindestens ein halbes Jahr lang das Riesenhaus bis fast auf den letzten Platz füllt, wartet er mit zugkräftigen Namen, mit brillanten – und zuweilen überraschenden Besetzungen auf.

Am Zirkus 1 ulken der deftige und bärbeißige, in zahllosen Berliner Possen und Singspielen erprobte Paul Westermeier und der flotte, elegante Paul Heidemann. Der langnasige Tanzkomiker Siegfried Arno schlenkert mit seinen Gummibeinen, der blonde Hans Albers dominiert mit seinem Hoppla-jetzt-komm-ich-Typ, Wilhelm Bendow setzt weinerlich seine Pointen, und Max Hansen, ehemals Gesangshumorist an Varietés, verströmt als Prototyp des modernen Operettenbuffos launigen Charme.

Engagiert am Großen Schauspielhaus ist auch Paul Morgan, dem sein genialer Kollege Max Pallenberg einmal die Zeilen gewidmet hat: »Er ist ein Komiker, der mehr hat als Geist und Technik, nämlich Herz, und weil dieses Herz seiner Komik den Takt angibt, ist sie so erquicklich. Ich kann Tränen über ihn lachen, über seine trockene, Welt und Menschen karikierende Art, über seinen Humor, in dem wienerische Gemütlichkeit und Berliner Schnauze sich so schmackhaft mengen ...«

Starparade der Revueoperette!

Erik Charell holt sich als »Lustige Witwe« vom Kabarett die temperamentsprühende Chansonette Trude Hesterberg, die – nach dem Zeugnis eines Zeitgenossen – »auch mit der Kniekehle sang«, und er leiht sich als »Casanova« einen Prominenten der Oper aus, den Bariton Michael Bohnen. Aber in derselben Inszenierung bringt er auch sechs Schlagersänger groß heraus: die »Comedian Harmonists«. Unter dem Namen »Melodie Makers« schlugen sie sich zuvor mehr schlecht als recht durch. Erik Charell tauft sie um, steckt sie in die Kostüme venetianischer, spanischer und böhmischer Straßenmusikanten – und macht sie über Nacht berühmt. Bald erklingen ihre Lieder von der Schallplatte. Der muntere und gefällige, musikalisch sorgsam ausgefeilte Vortrag und die originellen Arrangements machen Schule. Jahrelang beeinflussen die Comedian Harmonists den Stil des Schlagergesangs; sie werden von vielen Gruppen kopiert, aber in Erfolg und Niveau von keiner erreicht.

Nicht nur für sie beginnt mit »Casanova« am Großen Schauspielhaus der steile Aufstieg: In einer Szene wird eine junge, kaum bekleidete Frau auf die Bühne getragen. Sie tanzt ein paar Schritte – es sind die entscheidenden Schritte zur Popularität. La Jana, die eigentlich Henny Hiebel heißt und aus Frankfurt stammt, ist sicher keine begnadete Tänzerin. Aber ihr makelloser, knabenhafter Körper entspricht der Mode der Zeit. Das Publikum ist der lasterhaften Vamps, die Kintopp und Tingeltangel der ersten Nachkriegsjahre bevölkerten, überdrüssig und müde geworden und verlangt statt schwüler Erotik die »süßesten Mädels« der UFA-Welt mit wohldosiertem, leicht unterkühltem Sex-Appeal. »Saubere Ausstrahlung« steht bei Bühnengewaltigen und Filmproduzenten plötzlich hoch im Kurs. La Jana hat sie, auch wenn sie fast nackt auftritt – was sie fast immer tut. Erik Charell hat wieder einmal den richtigen Riecher gehabt. Von seinem Theater führt La Janas Weg zu Spitzengagen und Leinwandruhm.

Ein Star ist geboren. Sterne, die schon gestern und vorgestern leuchteten, erhalten neuen, frischen Glanz. Als Erik Charell in der Saison 1929/30 Ralph Benatzkys Operette »Die drei Musketiere« zur Uraufführung bringt, lockt er mit der Rolle des Kardinals Richelieu Paul Wegener, den großen Tragöden der Reinhardt-Ära, zu einem Gastspiel in sein buntes Revuereich. Und in derselben Inszenierung wagt er, was vor ihm noch kein Theaterdirektor gewagt hat: Er holt den Tenor Joseph Schmidt, der wegen seines zwergenhaften Wuchses bisher nur vor den Mikrofonen der Rundfunk- und Schallplattenstudios sang, auf die Bühne. Seine Techniker stellen für den Auftritt ein Zigeunerlager auf Podeste. Im Flackerschein des Lagerfeuers stimmt der Liebling der Radiohörer und Grammophonbesitzer eine Romanze an. Trotz Paul Wegeners reifer

Schauspielkunst, trotz der turbulenten Späße und des flotten Titelmarsches der drei Musketiere wird die Szene der stürmisch beklatschte Höhepunkt der Aufführung. Dem unscheinbaren Rundfunktenor mit dem strahlenden hohen C in der Kehle trägt sie Verpflichtungen an die Musiktheater Berlins und schließlich sogar die Hauptrolle im Film »Ein Lied geht um die Welt« ein.

Erik Charell vereint unter einem Revuehut, was unvereinbar zu sein scheint – den stimmgewaltigen Charakterbariton von der Oper und das sanft säuselnde Schlagersextett, die grande dame der alten Operette und die flotten, modernen Sunshine-Girls. Bei ihm zeigt die Tanzsolistin La Jana bezaubernde Blößen und ihre Kollegin Marianne Winkelstern exzellente, an berühmten Vorbildern geschulte Ausdruckskunst. Neben die Diseuse, die im Brettl aggressive, zeitkritische Texte interpretierte, stellt er den volkstümlichen Klamottenkomiker, und er bringt den schweren Helden der Tragödie auf einen Programmnenner mit dem steppenden und charmant blödelnden Buffo.

Erik Charell findet für alle und jeden den rechten Platz. Seine Regie ordnet die verschiedenartigen Talente zur Einheit der Vielfalt. Er läßt die Bühnensterne funkeln und leuchten. Sie glänzen in der großen Schau. Und für die große Schau.

Rößlsprung zum Weltruhm

Mai 1930. Nach der Premiere der »Lustigen Witwe« sitzt Erik Charell in seinem Büro und wälzt Pläne für die kommende Saison. Was ihm sein Regie-Assistent, der später berühmte Film-Regisseur Kurt Hoffmann, und weitere Mitarbeiter vorlegten, erscheint ihm nicht attraktiv genug. Charell sucht einen Kassenschlager. Noch hat er ihn nicht gefunden. Das Klingeln des Telefons reißt ihn jäh aus seinen Überlegungen. Am anderen Ende der Leitung meldet sich Schloß Leopoldskron bei Salzburg. Max Reinhardt, der Hausherr der ehemaligen erzbischöflichen Sommerresidenz, bittet Erik Charell dringend um einen Besuch. Charell macht zunächst Ausflüchte, aber dann reist er doch mit dem nächsten Schnellzug gen Süden.

Geschäftliche Sorgen und ein paar künstlerische Fehlschläge haben Max Reinhardt direktionsmüde werden lassen. Im Ausland erwarten ihn große, lockende Regieaufgaben. Ihnen möchte er sich unbeschwert widmen, befreit von der Last, die ihm die Leitung seines Theaterkonzerns aufbürdet. Die Direktion der Berliner Reinhardt-Bühnen will er Erik Charell anvertrauen. Doch der lehnt die ehrenvolle Mission unerwartet ab: »Ich werde nur noch eine Inszenierung im Großen Schauspielhaus machen und dann anderswohin gehen. Ich fühle mich nicht mehr wohl und sicher in Deutschland. Der Faschismus wächst zusehends. Ich glaube nicht mehr an eine Zukunft für mich in Berlin...«

Während der Unterredung mit Max Reinhardt wird Erik Charell aus St. Wolfgang am Wolfgangsee angerufen. Emil Jannings, der dort in seinem Landhaus vom Drehalltag im UFA-Atelier ausspannt, lädt ihn zum Abendessen in die Gaststätte »Weißes Rößl« ein. Charell sagt zu. Das Souper soll Operettengeschichte machen.

Als Emil Jannings und seine Frau, die Chansonette Gussy Holl, mit ihrem Gast auf der Seeterrasse sitzen, bestellt der Schauspieler in unverfälschtem Berliner Jargon »jrünen Aal mit Jurkensalat«. »Führen wir nicht«, antwortet indigniert der Kellner. »Ach, wär'n wa lieba nach Ahlbeck jefahr'n ...«, seufzt Jannings vergrämt, bricht dann scheinbar unmotiviert in schallendes Gelächter aus und klärt den verdutzten Erik Charell schließlich auf, daß er die kleine Szene mit dem Ober stets vor Berliner Besuchern aufführe. Sie stamme aus dem Lustspiel »Weißes Rößl« von Blumenthal und Kadelburg, das in St. Wolfgang spiele.

Der drollige Wortwechsel und der Hinweis des Filmstars bringen Erik Charell auf eine Idee, die ihn nicht mehr losläßt. Aus seinem Hotelzimmer in Salzburg ruft er noch in der Nacht den Berliner Bühnenverlag Felix Bloch Erben an und erwirbt die Aufführungsrechte für das »Weiße Rößl«. Das Stück war um die Jahrhundertwende ein Heiterkeitserfolg beim Publikum und geriet seither fast in Vergessenheit. Für das Große Schauspielhaus wird es einer radikalen Verjüngungskur unterzogen: Autoren und Komponisten werden zusammengetrommelt und gehen in fieberhafter Eile ans Werk, um das ein bißchen angestaubte Original bis zum herbstlichen Theaterbeginn in eine flotte Singspiel-Revue zu verwandeln.

Hans Müller, ein Routinier seines Fachs, verfaßt das Libretto; Robert Gilbert, der Sohn des Operettenkomponisten Jean Gilbert, reimt die Gesangstexte. Ralph Benatzky, der für Erik Charell bereits »Casanova« von Johann Strauß auffrischte und »Die drei Musketiere« vertonte, übernimmt die kompositorische Gesamtleitung und schreibt mehrere Musiknummern, darunter den schmissigen Titelschlager. Er hat Helfer und Zulieferer. Eduard Künneke instrumentiert Chöre, Bruno Granichstaedten steuert »Zuschaun kann i net« bei, Robert Stolz bringt »Die ganze Welt ist himmelblau« und »Mein Liebeslied muß ein Walzer sein« in das Gemeinschaftswerk ein, und für »Was kann der Sigismund dafür, daß er so schön ist?« fällt dem Gesangstexter Robert Gilbert eine Melodie ein.

Am 8. November 1930 findet die Uraufführung statt. Der Bühnenbildner Ernst Stern hat die saftigen grünen Wälder von St. Wolfgang ins Große Schauspielhaus verpflanzt und den schmucken Fachwerkbau des Seegasthofes »Zum weißen Rößl« auf die Bretter gestellt. Camilla Spira ist die Wirtin Josepha Vogelhuber, die nach mancherlei operettengemäßen Irrungen und Wirrungen ihrem verliebten Zahlkellner Leopold alias Max Hansen ans treue Herz sinkt. Siegfried Arno, der »schöne Sigismund«, heimst stürmische Lacher ein, und Otto Wallburg, einer der beliebtesten und beleibtesten Komiker Berlins, blubbert und raunzt als unzufriedener Gast, der vergebens »jrünen Aal mit Jurkensalat« bestellt und fast drei Akte lang beklagt, nicht »nach Ahlbeck jefahr'n« zu sein. Als deus ex machina, der die Wogen des amourösen Gezänks glättet und durch ein paar gütig-weise Worte die gastronomische Ehe zwischen Josepha und Leopold stiftet, wird in dem Stück der alte österreichische Kaiser höchstselbst bemüht. Ein Schauspieler von der Donau, Paul Hörbiger, wienert ihn leutselig und erfolgreich.

*Eingang zum Großen Schauspielhaus
bei der Inszenierung des »Weißen Rößl« 1930*

Noch ist er ein Neuling in Berlin; bald wird sein Name für Theater- und Filmfreunde ein Begriff sein.

Das »Weiße Rößl« schlägt alle Serienrekorde Erik Charells. Vierhundertsechzehnmal wird es vor ausverkauftem Hause gespielt – und tritt danach einen Siegeszug um die ganze Welt an, bis auf die Musikbühnen Australiens, Lateinamerikas und Südafrikas.

Es ist nicht nur ein Triumph der zündenden, eingängigen Melodien. Das »Weiße Rößl« kommt genau zur rechten Zeit auf die Bretter, die die Welt bedeuten – oder bedeuten sollen. Es entführt Arbeiter, Handwerker und kleine Geschäftsleute, die durch die Wirtschaftskrise zu unbefristetem, entbehrungsreichem Zwangsurlaub verurteilt sind, in die Idylle eines Ferienparadieses zwischen Berg und See. In Parlamenten und Kabinetten stehen bürgerliche und sozialdemokratische Politiker hilf- und ratlos vor den Problemen der Depression – am St. Wolfgangsee löst ein Kaiserwort alle Konflikte in Wohlgefallen auf und weckt wehmütige Reminiszenzen an die gute, alte Zeit, wie sie niemals war. Der Großstadtalltag der Massenentlassungen und des Lohnabbaus, der Straßenkrawalle und Saalschlachten wird für ein paar Stunden ferngerückt, ausgelöscht durch einen schönen, trügerischen Schein, der sich als Realität ausgibt.

Die Traumfabrik hat sich getarnt, der Krise angepaßt, die Schlösser und Millionärspaläste verlassen und die kleinen Leute entdeckt. Ihnen predigt sie rosigen Optimismus und Hoffnung auf ein bescheidenes privates Glück, das irgendwann und irgendwie jedem einmal winkt...

Auf der tönenden Leinwand winkt es Anfang der dreißiger Jahre den armen, aber unverdrossen lustigen und sangesfreudigen »Drei von der Tankstelle« und der »Privatsekretärin«, die durch Tüchtigkeit und Charme Herz und Hand ihres Chefs erringt. Im »Weißen Rößl« ist es der Ober Leopold, der das große Los zieht: Der Lohnempfänger steigt zum Unternehmer, zum Mitbesitzer des Gasthofs auf.

Ein Kellner macht Karriere. Ein Rößl geht um die Welt. Um die Welt, in der die Zahlkellner entlassen werden, weil die zahlungskräftigen Gäste fehlen.

Abgesang mit Offenbach

Erik Charell macht wahr, was er im Gespräch mit Max Reinhardt auf Schloß Leopoldskron ankündigte. Das »Weiße Rößl« ist seine letzte Inszenierung am Großen Schauspielhaus. Im Jahre 1931 verdingt er sich – wie zahlreiche andere namhafte Theaterleute – gastweise dem jungen Tonfilm und beschert der UFA mit »Der Kongreß tanzt« einen sensationellen Erfolg.

Mehr noch. In der banalen Kinorevue, die den diplomatischen Macht- und Länderschacher der Heiligen Allianz nach dem Sturz Napoleons zu einer teils neckischen, teils sentimentalen Liebesgeschichte im singenden und klingenden Wien verniedlicht, gelingt dem Kameraneuling eine hinreißende Sequenz: Die Kutschenfahrt der kleinen Handschuhverkäuferin Christel Weinzinger (Lilian Harvey) durch Gassen und Stra-

Programmheft
zu »Hoffmanns Erzählungen«

ßen Alt-Wiens, durch die Vorstädte, an der Donau entlang, über Land, ins Schloß, wo der gekrönte Galan wartet, geht in die Filmgeschichte ein.

»Eine ununterbrochene Bewegung, kein Bild dazwischengeschnitten, eine Fahrt, ein Tanz, ein Jubel«, begeistert sich ein Kritiker. »Diese Bildfolge ist faszinierend. Sie ist das Beste, was ich von Charell gesehen habe.«

Auch der frische Leinwandruhm kann den Regisseur nicht in Deutschland halten. Erik Charell löst seinen Theatervertrag, verläßt Berlin und siedelt nach London über. Der Reinhardt-Konzern verliert den Mann, der das Sorgenkind des Unternehmens hochpäppelte und den kränkelnden Zuschußbetrieb Am Zirkus 1 in eine Goldgrube verwandelte. Max Reinhardt, noch immer die stärkste Künstlerpersönlichkeit des Bühnentrusts, springt in die Bresche und kehrt als Regiegast an die Stätte zurück, aus der er einst ein »Riesenvolkstheater« mit literarisch anspruchsvollem Repertoire zu schaffen gedachte.

Er inszeniert »Hoffmanns Erzählungen«. Egon Friedell und Hans Sassmann polieren das Libretto auf; der Dirigent und Komponist Leo Blech überarbeitet Jacques Offenbachs Partitur. Skeptiker schütteln den Kopf: Opernaufwand an einem Privattheater, während Preußens Fiskus erwägt, das Staatliche Opernhaus am Platz der Republik aus Ersparnisgründen zu schließen? Tragische Töne im Riesenbau, in dem seit Jahren Spaß und Schmiß regieren? Ist dies das rechte Rezept gegen Besucher- und Einnahmeschwund, die im Gefolge der Wirtschaftskrise die Existenz der Theater zu erschüttern drohen?

Vielleicht rechnet der kühle Geschäftsmann Max Reinhardt mit der Neugier des Publikums auf das riskante Experiment, vermutlich vertraut er der alten Zugkraft seines Namens. Und ganz gewiß reizt den rastlosen Künstler Max Reinhardt das Problem, ein gängiges Werk der Opernspielpläne zu entstauben und als musikdramatische Revue zu gestalten.

Noch einmal versucht der »Zauberer der Regie« die Möglichkeiten auszuschöpfen, die Hans Poelzigs »Tropfsteinhöhle« zur Überwindung der Rampe, zur Auflösung des traditionellen Guckkastentheaters bietet. Über die Spielfläche hinaus wird der gesamte Zuschauerraum in ein Stück biedermeierliches Berlin verwandelt: Das Publikum sitzt im Milieu der Handlung, in der Welt des Kammergerichtsrates und Poeten E.T.A. Hoffmann, der tagsüber nüchterne Justizakten wälzt und abends im Weinkeller von Lutter & Wegener den Zechgenossen skurrile und spukhafte Geschichten aufzutischen pflegt. Max Reinhardt hat ausgezeichnete Sänger verpflichtet. Doch er arrangiert kein Kostümfest schöner Stimmen vor prächtiger Kulisse. Was er anstrebt, wird an der Sterbeszene der Antonia offenbar. Als die Sopranistin Jarmila Nowotna vom Sessel gleitet, läßt sie den hohen Schlußton ihrer Arie mit geneigtem Kopf verklingen: Gesang und Gestus verschmelzen zur dramatischen Einheit.

Zur Opernprominenz, zu Hans Fidessers strahlendem Tenor und Leo Schützendorfs mächtigem Baß, gesellen sich musikalisch begabte Mitglieder des Reinhardt-Ensembles. Hinter den komischen Zügen, die Hermann Thimig Hoffmanns besorgtem Freunde Niklaus verleiht, lauert die Tragik. Und Paul Graetz, in Schwank und Kabarett umjubelter Darsteller Urberliner Typen, liefert im Puppencouplet des Cochenille ein Kabinettstück der Vortragskunst.

Am 28. November 1931 hat die Opernrevue Premiere. Der Kritiker Willy Haas (»Caliban«) erinnert sich an Aufwand und Ergebnis der Aufführung: »Die berühmte Barkarole wurde in einer Gondel, die sich über zwei Scheiben drehte, gesungen. Diese Gondel, mit Gästen besetzt und von zwei Gondolieri gerudert, bewegte sich auf dem Canal Grande über der Bühne, dann weiter unter der Rialtobrücke fort und blieb danach vor einem beleuchteten Palazzo mit Fackeln und Dienerschaft stehen, worauf die Gäste ausstiegen und sich über die Treppe in das Innere des Palastes begaben. Das sah Caliban sich auf der Probe einmal, zweimal, immer wieder an, bis nach ein Uhr nachts, dann ging er nach Hause, aber die Szene wurde weitergeprobt bis drei Uhr morgens.

Ein anderer, der Schauspieler, Regisseur und spätere Generalintendant des Staatstheaters am Gendarmenmarkt, Gustaf Gründgens, der in Hamburg Hoffmanns Erzählungen inszeniert hatte und zu der Zeit im Deutschen Theater auftrat, verließ enttäuscht die Generalprobe.

Am nächsten Abend bei der Premiere begann die Szene streng programmäßig. Aber als die Rialtobrücke heranrollte, blieb eines der Ruder stecken und zog die ganze Gesellschaft samt der Gondel mit sich und drehte das Ganze aus der Bühne. Die Szene mußte abgebrochen werden, der Dirigent klopfte ab, und alles wurde noch einmal eine halbe Stunde später wiederholt.

Der Erfolg wurde durch diese böse Störung aber nicht vernichtet. Er kam leider gar nicht erst richtig auf. Es war kein offener Mißerfolg, aber sicher kein rauschender Erfolg, wie man es bei Reinhardts Premieren sonst gewohnt war.«

Die fachkundigen Premierentiger spenden nur halbherzig Höflichkeitsapplaus. Dennoch hält sich die Inszenierung monatelang und bringt es auf 175 Vorstellungen – eine höchst respektable Ziffer. Die Verwaltungsdirektion des Reinhardt-Konzerns kann zufrieden sein. Max Reinhardt ist es nicht. Er weiß: Was ihm mit der Opernrevue künstlerisch vorschwebte, hat er nicht erreicht. Er hat dieses Große Schauspielhaus bauen lassen, um den Traum vom totalen Theater zu verwirklichen, in dem die Grenzen zwischen Bühne und Zuschauerraum fallen. Sie sind nicht gefallen. Er hat damals, 1919, und er hat jetzt mit »Hoffmanns Erzählungen« eine geschlossene Kunstwelt aus Musik, Tanz und Spiel errichten wollen. Er hat sie nicht errichten können.

Abgesang mit Offenbach. Der Oper folgt die Operette. Die phantastische Romantik wird abgelöst von spritziger Satire: »Die schöne Helena« erscheint flott und leichtgeschürzt auf den Brettern. Als gehörnter Trottel Menelaos erntet Max Pallenberg noch einmal Lachstürme. Hubert von Meyerinck schnarrt und näselt den militanten Schlagetot Ajax im Stil eines preußischen Gardemajors. In der Titelrolle der antiken Dame, deren amouröses Abenteuer mit dem trojanischen Königsproß Paris einen zehnjährigen Krieg heraufbeschwört, entzückt die junge Diva Friedel Schuster die Besucher. Max Reinhardt hat die bildhübsche Absolventin der Musikhochschule entdeckt und in sein Ensemble geholt. Sie soll seine letzte Entdeckung für das deutsche Theater sein.

Denn diese Offenbach-Saison, diese Reinhardt-Spielzeit beschließt eine glanzvolle Epoche des Berliner Theaterlebens. Für das Große Schauspielhaus begann sie, als es noch Zirkus Schumann hieß. Damals, im Jahre 1910, inszenierte Max Reinhardt in der Arena die antike Tragödie vom König Ödipus. Am Ende steht – wie im altgriechischen Theater – das Satyrspiel, die witzige und freche Parodie der Götter- und Heldensage.

Ein großer Regisseur nimmt Abschied von dem Haus, das seine Schöpfung ist. Eine neue, schlechte Zeit kündigt sich an. Bei einer Wohltätigkeitsaufführung von »Hoffmanns Erzählungen« wird es symbolhaft deutlich: In den Logen der Ehrengäste sitzt Gerhart Hauptmann neben den Generalen Seeckt und Schleicher – der bürgerlich-humanistische Künstler, den die Weimarer Republik als ihren repräsentativen Dichter feiert, neben den Militärs, die diese Republik dem Faschismus ausliefern.

Totentanz der Demokratie, Totentanz der Kunst: Auf Max Reinhardt folgen im Großen Schauspielhaus die Gebrüder Rotter.

Exodus

Ihre Direktorenlaufbahn begann klein und bescheiden an der Peripherie des Berliner Theaterlebens: Kurz nach Kriegsende erschlichen sich die Brüder Fritz und Alfred Rotter eine Konzession und brachten im alten Residenztheater, einer abgewirtschafteten Bühne östlich vom Alexanderplatz, mit einem zusammengewürfelten Ensemble zweitklassige Aufführungen heraus. Seither haben sie sich gemausert und sind die unumschränkten Herren eines mächtigen, weitverzweigten Konzerns geworden, und längst sitzen sie im Zentrum – im Zentrum des hauptstädtischen Theaterviertels und im Zentrum des Geschäfts mit der Kunst.

Die Rotters sind Spekulanten und Hasardeure der Branche. Sie haben einen schlechten Ruf, aber einen guten Riecher für alles, was bei anspruchslosen Besuchern ankommt und sich in fette Gewinne ummünzt. Drum sammeln sie Schauspieler und Sänger wie die Börsenjobber Aktien und kalkulieren mit der Rendite, die ein klangvoller Name auf dem Programmzettel an der Kasse abwirft. Künstler gelten ihnen als Ware, die man nach dem Marktwert handelt. Stars werden mit horrenden Gagen geködert, Anfänger, Kleindarsteller, Choristen und Balletteusen skrupellos ausgebeutet. Die Rotters ramschen Musikbühnen und Sprechtheater zusammen, und sie versuchen die Besitzverhältnisse zu verschleiern, indem sie Strohmänner in die Leitung berufen. In ihnen verkörpert sich die perfekte Kommerzialisierung des spätkapitalistischen Theaters zu einer Kunstfabrik, die nur noch einem Zwecke dient: den Eigentümern Höchstprofite einzubringen.

»In derselben Zeit, in der viele Bühnen schwanken oder sich nach Hilfe umsehen,

Die Comedian Harmonists

schlucken die Rotter-Theater ein Unternehmen nach dem anderen«, schreibt der Kritiker Herbert Jhering, als die Wirtschaftskrise ihren Höhepunkt erreicht und fast jeder zweite deutsche Schauspieler stempeln geht. Im Jahre 1927 haben die Gebrüder Rotter Berlins berühmteste Operettenbühne, das Metropol, an sich gerissen. Fünf Jahre später gliedern sie auch das bedeutendste Revuetheater der Hauptstadt, das Große Schauspielhaus, ihrem Konzern an.

Unter ihrer Direktion (und der Regie von Alfred Rotter) wird am 23. Dezember 1932 die Revueoperette »Ball im Savoy« uraufgeführt. In der weiblichen Hauptrolle: die charmante Diva Gitta Alpar. Ihr sprühendes Temperament und ihre bezaubernde Stimme verhelfen Paul Abrahams schmissigen Melodien zum Sieg über ein läppisches Libretto und alberne Gesangstexte wie »Mon cher Papa, der Aga Pascha,/bei dem ging's mit der Liebe rascher...«.

Der Premierenerfolg wird in der luxuriösen Grunewald-Villa Kunz, Bundschuhstraße 6, gefeiert. Es soll der letzte festliche Empfang sein, zu dem eine Theaterdirektion der Weimarer Republik einlädt. Unter den prominenten Gästen ist auch der Staatssekretär Dr. Alfred Meißner. Einst hat er dem Reichspräsidenten Ebert gedient. Jetzt berät er Hindenburg. Bald wird er Adolf Hitler den Treueid schwören...

Doch noch ehe Dr. Alfred Meißner wieder einmal seinen obersten Dienstherrn wechselt, noch ehe die Nazis von der Schwerindustrie an die Macht geschoben werden, bricht der riesige Rotter-Konzern zusammen. Als eine Bücherrevision dunkle Geschäfte aufzuhellen droht, verlieren die Brüder die Nerven und flüchten Hals über Kopf in das Fürstentum Liechtenstein. Sie verschwinden nicht als Bettler: In einem Koffer schleppt Fritz Rotter die letzten Kasseneinnahmen vom »Ball im Savoy« mit.

Der perfiden Nazipropaganda liefert die jüdische Herkunft der Rotters den willkommenen Vorwand zu zügelloser antisemitischer Hetze. In den Spalten des »Völkischen Beobachters« wird die »Verjudung« der Berliner Bühnen demagogisch angeprangert und zur Hexenjagd gegen »undeutsche Verderber der Kunst« aufgerufen. Wohlweislich unterschlagen wird nur eins: daß es nicht die Rasse, sondern die Klasse ist, die Geschäftemacher hervorbringt – und nach oben schwemmt.

»Wenn wir an die Macht kommen, greifen wir uns die Rotters!« hat Hermann Göring einmal gedroht. Als sein Führer Adolf Hitler in die Reichskanzlei einzieht, wird aus der großmäuligen Haßtirade blutiger Ernst. Am 5. April 1933 überfallen Gestapoagenten die Rotters bei einem Spaziergang in Liechtenstein und zerren sie in ein Auto. Fritz Rotter reißt sich los, springt aus dem anfahrenden Wagen und entflieht. Alfred Rotter und seine Frau Trude werden kaltblütig ermordet.

In Berlin »säubern« die neuen Herren unterdessen die Theater von »artfremden Elementen« und »Kulturbolschewisten«. Die Bühnen verarmen und veröden. Dutzende von Prominenten, gestern noch gefeiert und umjubelt, werden ausgestoßen und verfemt. Der Aderlaß an der Kunst, der große Exodus der Künstler beginnt:

In die Emigration getrieben werden der Regisseur Max Reinhardt und der Bühnenbildner Ernst Stern, die Diva Fritzi Massary und der Komiker Max Pallenberg. Gitta Alpar, der Star des »Ball im Savoy«, flüchtet nach Budapest, und ins Exil geht Siegfried Arno, der schöne Sigismund des »Weißen Rößl«. Von den Spielplänen verbannt sind die Operetten Ralph Benatzkys und Paul Abrahams. Paul Morgan und Otto Wallburg, Joseph Schmidt und die Comedian Harmonists erhalten Auftrittsverbot an Deutschlands Bühnen. Mit ihren Namen, ihren Leistungen verbindet sich ein Stück Geschichte des Großen Schauspielhauses. Ihr Talent und ihre schöpferische Phantasie gaben erfolgreichen Aufführungen unverwechselbares Gepräge, ihre Vertreibung löscht Glanz und Vielfalt des Theaters aus. Das Haus an der Spree verliert sein Gesicht.

Im Jahre 1938 verliert es auch sein architektonisches Profil: Die Faschisten dekretieren den Umbau der »Tropfsteinhöhle«. Hans Poelzigs kühne Lichtkuppel mit ihren Stalaktitenringen wird als »entartete Kunst« verdammt und binnen 58 Tagen abgerissen. Zwar bescheinigt Professor Biehle, einst Poelzigs raumakustischer Berater und nun beflissener Mitarbeiter der NS-Machthaber, im »Zentralblatt für Bauverwaltung« dem riesigen Gewölbe eine »überraschende Klarheit des gesprochenen Worts wie in einem Sprechzimmer«: »In der Sprechachse« sei »Flüstern bis in die hintersten Reihen verständlich«. Dennoch opfert er die grandiose Konstruktion bedenken- und gewissenlos den »neuen Ansprüchen«.

Das Große Schauspielhaus ist tot. Selbst sein Name verschwindet. Die Nazis taufen es um in »Theater des Volkes«. Das Wort ist gestohlen, der Begriff infam verfälscht: Ein »Riesenvolkstheater« schwebte dem »artfremden« Max Reinhardt vor, als er den Zirkus Schumann erwarb ...

Flucht in die Vergangenheit

»Schweden seufzt unter dem von Dänemark diktierten Schandfrieden von Kalmar. Da steht einer auf, Gustav Erichson Wasa, und trommelt die gebeugten Kräfte unter die Fahne seines Glaubens, jagt die Dänen aus dem Lande und begründet als König Schwedens Wiedergeburt und Aufstieg«, beschreibt eine Nazi-Literaturgeschichte die Handlung des Dramas »Alle gegen Einen, Einer für Alle«. Ein Schriftsteller namens Friedrich Forster hat dieses markige Werk im Jahre 1933 mit sicherer Witterung für die politische Konjunktur verfaßt, und das »Theater des Volkes« führt es in strammer Gesinnung auf.

Das fadenscheinige historische Mäntelchen kann die propagandistische Absicht nicht verhüllen: Der »Schandfrieden«, gegen den der Autor zu Felde zieht, wurde im Jahre 1919 in Versailles geschlossen, und die Naziredner prangern ihn fast täglich als »Deutschlands tiefste Schmach« an. Daß es Fremdherrschaft abzuschütteln gilt, daß aus Berlin »jüdische Blutsauger«, aus Elsaß-Lothringen »welsche Erbfeinde« und aus Ostoberschlesien »dreckige Pollacken« vertrieben werden müssen, erfahren die Bürger – Verzeihung: Volksgenossen – des Dritten Reiches jeden Morgen aus der Presse. Und

*Das Ballett
des Theaters des Volkes*

wer mit dem Einen, der »Wiedergeburt und Aufstieg« des Landes begründet, glorifiziert wird, das begreifen in der Zeit des Führerkultes selbst die naivsten Gemüter.

Bei den Bonzen der Reichskulturkammer kann die KdF-Direktion des Hauses an der Spree mit dem Hymnus auf den starken Mann und Retter hohes Lob einheimsen, und um den Pflichtbeifall der gleichgeschalteten Kritik braucht sie nicht zu bangen. Doch die Zuschauer, denen eine weltanschauliche Bühnenlektion verpaßt werden soll, bleiben aus. Dem »Theater des Volkes« fehlt das Volk. Die neue Leitung hat Repertoiresorgen.

Progressive Werke der modernen deutschen und ausländischen Dichtung sind von den Brettern verbannt. Bewährte Zugstücke gelten als »dekadente Asphaltliteratur«. Kassenschlager der leichten Muse stehen auf der schwarzen Liste, weil ihre Verfasser die falschen, »nichtarischen« Großmütter hatten ...: Was kann, darf ein Theater noch spielen, ohne gegen die strengen Richtlinien des Reichsdramaturgen Dr. Rainer Schlösser zu verstoßen? Und was muß es spielen, um sich trotzdem wirtschaftlich über Wasser zu halten?

Die verunsicherte Direktion des Hauses an der Spree setzt auf die rustikale Heiterkeit des bayrischen Volksstücks »Die Pfingstorgel« von A. J. Lippl. Reklame für die Scholle und den erdverwurzelten Erbhofbesitzer ist bei den braunen Machthabern gefragt, seit ihr Agrarchef Dr. Walther Darrée in einem Wälzer, der zur Pflichtlektüre der Zellenleiter und Blockwarte zählt, das »Bauerntum als Lebensquell der nordischen Rasse« gefeiert hat. Das »Theater des Volkes« bemüht sich nicht nur um den rechten ländlichen Ton, sondern auch um echtes dörfliches Odeur und läßt, wie das Programmheft ausdrücklich vermerkt, »Heuduft« der Firma Dralle, Hamburg, in den Zuschauerraum verströmen. Doch den Dreh, durch einen krachledernen Schwank ein Treuebekenntnis zu »Blut und Boden« abzulegen, hat nicht nur das »Theater des Volkes« entdeckt: Im Lessingtheater hat unterdessen ein gewitzter Routinier der Branche, der vordem mit einer Wandertruppe durch mecklenburgische und pommersche Kleinstädte reiste, das verwaiste Büro des davongejagten jüdischen Intendanten bezogen und die deftige Bauernposse »Krach um Jolanthe« inszeniert. Mit dem quiekenden Borstenvieh, das er auf die Bretter bringt – und anläßlich der 500. Vorstellung unter den Besuchern verlost, vermag selbst der würzigste »Heuduft« im »Theater des Volkes« nicht zu konkurrieren ...

Die peinlichen Mißerfolge der »artgemäßen«, von der NS-Fachschaft Bühne energisch geforderten und geförderten neuen Kunst veranlassen die Intendanz zum Blick zurück auf die große Weltliteratur, zum Rückgriff auf William Shakespeare. Das ehrgeizige Wagnis, in die Domäne des Deutschen Theaters und des Staatstheaters am Gendarmenmarkt einzudringen, schlägt fehl. Mit den hochgestochenen Inszenierungen der repräsentativen hauptstädtischen Schauspielbühnen, die im Dritten Reich (und gegen das Dritte Reich) die besten Traditionen bürgerlich-humanistischer Theaterkultur zu bewahren versuchen, tritt das »Theater des Volkes« in einen aussichts-

Heinrich George als Götz von Berlichingen im Theater des Volkes

losen Wettstreit – trotz eines Gaststars vom Range Heinrich Georges, der den trinkfesten, liebestollen Junker Falstaff virtuos grölt und poltert und säuselt.

Das Resultat: Am Zirkus 1 zieht wieder die Operette ein, die Operette des 19. Jahrhunderts. Nur einmal noch, im olympischen Sommer 1936, wagt es die Leitung des Hauses, sich der Gegenwart zu stellen, und zeigt den internationalen Gästen Berlins in pompösen Dekorationen des Reichsbühnenbildners Benno von Arent die KdF-Monsterschau »Freut euch des Lebens«. Aber was sie als heiteres Spiegelbild der Zeit ausgibt, ist nur ein Zerrspiegel: Die grausame und aggressive Realität des Nazistaats wird umgelogen zur biedermännischen Fröhlichkeit einer friedlichen und zufriedenen Volksgemeinschaft.

Im übrigen zehrt das »Theater des Volkes« von der Vergangenheit – sogar bei zwei Operettennovitäten. Fred Raymonds »Saison in Salzburg«, im Jahre 1938 uraufgeführt, hat verblüffende und fatale Ähnlichkeit mit dem »Weißen Rößl«, das überall in der Welt – nur in Deutschland nicht mehr – gespielt wird. Und dann »Die Hochzeit in Samarkand«? Der Komponist, Eduard Künneke, war schon in der verhaßten »Systemzeit« der Weimarer Republik ein prominenter Mann. Sein populärstes Werk, »Der Vetter aus Dingsda«, stammt aus dem Jahre 1920, und bei der musikalischen Teamarbeit am »Weißen Rößl« instrumentierte er die Chöre ...

Den lange vergebens erhofften Kassenrekord beschert dem Intendanten Rudolf Zindler eine Operette, die wenige Monate vor der Jahrhundertwende das Licht der Rampe erblickte: »Frau Luna« von Paul Lincke. Seine Märsche und Walzer wurden in der Periode des Ragtime und Twostep als Musikmode von vorgestern ein bißchen belächelt. Paul Lincke geriet fast in Vergessenheit. Von den bedeutenden Bühnen der heiteren Muse bereits abgeschrieben, war er Ende der zwanziger Jahre herzlich froh, wenn er am Familientheater der Brüder Rose in der Frankfurter Allee sein »Bis früh um fünfe« dirigieren durfte.

Inzwischen sind Oscar Straus, Leo Fall, Emmerich Kálmán, Paul Abraham, Robert Stolz, Hugo Hirsch, Rudolf Nelson, Ralph Benatzky aus Deutschland vertrieben; sind fast alle, die die moderne Operette entscheidend beeinflußten und prägten, als »undeutsch« verpönt. Der greise Paul Lincke mit dem arischen Ahnenpaß aber erlebt eine kaum erwartete Renaissance, wird Ehrenbürger der Stadt Berlin, empfängt die Goethe-Medaille und erhält schließlich sogar den Professorentitel.

Am 7. November 1941, zu seinem 75. Geburtstag, findet im »Theater des Volkes« die Festaufführung von »Frau Luna« statt: Paul Lincke leitet die Ouvertüre von der ersten Sesselreihe aus und übergibt den Taktstock dann an den Kapellmeister Karl Stäcker. Vierhundertmal läuft die Operette vor ausverkauftem Haus – denn die Menschen lachen gern in der Zeit des Krieges, da sie wenig zu lachen haben. Doch der Publikumsjubel täuscht nicht darüber hinweg, daß es sich bei dieser Aufführung keineswegs um eine aus nationalsozialistischem Geist geborene, eigenschöpferische Leistung des »judenfreien« neuen Theaters handelt:

Paul Lincke repräsentiert nicht die Reichshauptstadt der Goebbels und Göring, sondern das wilhelminische Berlin. Der Revueaufputz, der seinem Werk zuteil wird, ist Erbe der Regiekünste und Kniffe Erik Charells, und dem emigrierten Bühnenbildner Ernst Stern hat der Ausstatter Benno von Arent die dekorative Pracht (wenn auch nicht den künstlerischen Geschmack) abgeschaut.

Und die glanzvolle Besetzung, die zusammenengagiert wurde? Nicht die Reichstheaterkammer, sondern Max Reinhardt entdeckte Friedel Schuster, die Darstellerin der Titelpartie. Den fixen Berliner Fritz Steppke, der in einem »Stratosphären-Expreßballon« eigener Konstruktion den Mond zu erobern gedenkt, verkörpert der jungenhafte blonde Filmstar Hans Brausewetter. Doch nicht der Reichsfilmintendant Hippler förderte seine Karriere. Vor die Kamera holte ihn anno 1923 einer der besten – und nun verfemten – Regisseure des deutschen Stummfilms, der Jude Dr. Ludwig Berger.

Lotte Werkmeister, die dralle und saftige Zimmerwirtin Pusebach, stand schon auf den Brettern dieses Theaters, als es noch »Großes Schauspielhaus« hieß; der Dirigent Karl Stäcker wurde noch von Erik Charell als Korrepetitor verpflichtet.

Sie alle wurzeln in der reichen, lebensvollen Periode des Berliner Theaterlebens, die jetzt in den offiziellen Chroniken als Epoche des Verfalls und Niedergangs diffamiert wird. Die Qualität, die sie dieser Inszenierung unter Hitlers Herrschaft verleihen, ist nicht das Verdienst der braunen Kulturwarte. Sie entsteht trotz des Regimes.

Die Flucht in die Vergangenheit dauert nur wenige unbeschwerte Abendstunden. Kurz nach der festlichen Premiere von »Frau Luna« reißt das schrille Geheul der Sirenen Künstler und Zuschauer in die rauhe und häßliche Gegenwart des Krieges zurück: Die Geburtstagsfeier für Paul Lincke muß wegen Fliegeralarms ausfallen.

Lustspielfilm vor Toresschluß

Im Jahre 1943 verwandelt sich das »Theater des Volkes« für mehrere Wochen in ein Varieté – ein Varieté besonderer Art. Anstelle zahlender Zuschauer füllen geschminkte Komparsen das Parkett. In den Logen werden riesige Scheinwerfer aufgebaut. Auf der Bühne ringeln sich Kabelschlangen. Eine Kamera rollt auf leisen Gummirädern langsam über die Bretter und schwenkt vom melancholischen Gesicht eines Clowns auf schlanke Tänzerinnenbeine. Szenen eines Artistenfilms werden aufgenommen. Wolfgang Staudte dreht für die Tobis »Akrobat schö-ö-ön«.

Bei den Kunstpäpsten des Reichspropagandaministeriums ist er kein angesehener, kein beliebter Mann, und zur »unpolitischen« Unterhaltung brachten ihn hochpolitische Gründe. 1933 flog der junge Schauspieler als »Kulturbolschewist« aus dem Theater und erhielt Auftrittsverbot. Wolfgang Staudte kroch bei der Reklamebranche unter und stellte kleine Werbefilme her, anonym zunächst und mit bescheidenem Etat. Sein Drehstab hieß Wolfgang Staudte; er war Regisseur, Autor, Kameramann und Cutter in Personalunion. Die handwerklichen Erfahrungen, die er dabei sammelte, machen sich bei seiner ersten Spielfilmregie bezahlt.

»Akrobat schö-ö-ön« erzählt die Geschichte eines arbeitslosen kleinen Artisten, der als notorischer Pechvogel durchs Leben stolpert, alle Chancen verpaßt und verpatzt und erst durch die Gunst des Zufalls die verdiente Anerkennung findet. Doch auch dann, als er endlich, vom Applaus umtost, auf einer großen Varietébühne seine Späße treiben darf, hat er Unglück im Glück: Das reizende Mädchen, das er liebt, fällt einem anderen in die Arme.

Ein anspruchsloser, nicht überaus origineller Stoff. Wolfgang Staudte macht daraus einen bezaubernden, sehr menschlichen und trotz urkomischer Szenen leisen Lustspielfilm. »Akrobat schö-ö-ön« hebt sich wohltuend ab von der verkrampften, lärmenden Heiterkeit und dem forschen Zweckoptimismus der Dutzendware, die die NS-Traumfabrik zur Aufmunterung des kriegsmüden Volkes am Fließband produziert.

In der Hauptrolle erscheint einer der Großen des internationalen Varietés, der Clown Charlie Rivel, auf der Leinwand. Wie der Harlekin der alten Commedia dell' arte steckt er zu Beginn den Kopf durch den Vorhangspalt. Nahezu stumm – mit geschicktem Ungeschick, das an Charlie Chaplin erinnert, und mit stoischem Ernst, der an Buster Keaton denken läßt – geht er durch den Tonfilm. Nur ein langgezogenes »Uu-u-uuh« entringt sich hin und wieder seinen Lippen, und nur zwei Worte artikuliert er, fragend, erstaunt und begeistert: »Akrobat schö-ö-ön«.

Der Ausruf gehört zu Charlie Rivel wie das »Nit möglich« zu Grock. Er entstand in den zwanziger Jahren. Die Brüder Charlie, Polo, René, Rogelio und Celito Rivel, Sprößlinge einer spanischen Zirkusfamilie aus der Nähe von Barcelona, gastierten als Clowns und Trapezartisten in der Berliner »Scala«. Wieso und warum Charlie damals zum erstenmal »Akrobat schö-ö-ön« krähte, hat er später einem Kollegen, dem französischen Zauberkünstler W.-M. Seldow, erzählt. Seldow berichtet:

»Charlie und Polo boten dem Direktor an, in seinem Haus ihre Akrobatennummer zu zeigen. ›Akrobaten? Schön!‹ stimmte der Direktor zu, was in diesem Falle etwa besagte: ›Akrobaten? Das geht!‹ Aber die Rivels kannten die deutsche Sprache nur wenig, und so ergab es sich, daß, als Polo wie gewöhnlich Charlie auf der Bühne vorschlug: ›Charlie, Akrobat …‹, dieser glaubte, genau wie der Direktor antworten zu müssen: ›Akrobat? Schön!‹

Getäuscht durch die Mimik Charlies legte das Publikum dieses ›Schön‹ in einem anderen als dem gedachten Sinne aus, und der Ausdruck erschien in diesem Zusammenhang so ungereimt, daß er brüllendes Gelächter auslöste. Seitdem behielten die Rivels ihn in ihrer Nummer bei und übernahmen ihn im Laufe ihrer Wanderungen durch die Welt selbst in verschiedene Sprachen. In Frankreich wurde daraus: ›Acrobate? – Oh, que c'est beau!‹ In England: ›Acrobat? – Very nice!‹

Überall war die Wirkung vollkommen. Ohne das Mißverständnis hätten die Rivels wahrscheinlich nie daran gedacht, diesen kleinen Satz in ihre Nummer aufzunehmen.«

Als Charlie Rivel im »Theater des Volkes« für die Kamera über die Bretter schlurft und tänzelt, hat das »Akrobat schö-ö-ön« noch nichts von seinem unwiderstehlichen Effekt eingebüßt. Doch die alte Rivel-Truppe ist längst zerfallen. Die Brüder reisen ohne Charlie, von dem sie sich in erbittertem Streit trennten. Der Zwist begann mit Eifersüchteleien: Charlie war es, der als Tolpatsch am Trapez den stärksten Beifall einheimste und mit einer Chaplin-Parodie die meisten Lacher erntete. Auf ihn konzentrierten sich die Journalisten, wenn sie um Interviews baten, und die Fotografen, wenn sie ihre Apparate zückten. Die – vermeintliche oder wirkliche – Starrolle beschwor eine Familienfehde herauf, die vor Gericht endete. Noch Jahre nach dem Bruch opfert Charlie Rivel hohe Summen für das Honorar der Rechtsanwälte, die die Klagen und Gegenklagen der ehemaligen Partner ausfechten.

Im Dezember 1941 gastiert er mit seiner Tochter Paulina zum letzten Mal in der »Scala«. Knapp zwei Jahre danach, am 23. November 1943, setzen englische Brandbomben das Varietégebäude in Flammen. Im Wettlauf mit alliierten Luftangriffen dreht Wolfgang Staudte den Film ab, der einen Ausschnitt aus Charlie Rivels komischem Trapezakt auf Zelluloid bannt. Als »Akrobat schö-ö-ön« in den Kinos anläuft, wird im »Theater des Volkes« das Bühnenhaus bei einem nächtlichen Bombardement fast völlig zerstört.

Vorhang auf

Mai 1945. Auf der Kuppel des Reichstags hissen Sowjetsoldaten die rote Fahne, in Karlshorst unterzeichnet Generalfeldmarschall Wilhelm Keitel die Kapitulationsurkunde des Dritten Reiches. Die Rote Armee hat Berlin befreit, doch die blühende, lebensvolle Weltstadt von einst ist nur noch ein gigantischer Trümmerhaufen mit siebzig Millionen Kubikmetern Schutt. Ruinen säumen Straßen, auf denen tiefe Bombenkrater gähnen. Die Wasserleitungen sind versiegt, aus den Gashähnen strömt kein Gas, das Stromnetz ist tausendfach zerfetzt und zerrissen.

Kaum ein Theater hat Luftangriffe und Straßenkämpfe heil überstanden. Von den großen Uraufführungskinos sind nur ausgebrannte Fassaden geblieben, und bis auf die Grundmauern zerstört sind die berühmten Varietés »Wintergarten«, »Scala« und »Plaza«.

Kann man in dieser Stadt wieder Theater spielen und Filme drehen? Soll man Menschen, die nach Brot hungern, ausgelassene Späße und artistische Sensationen bieten? Gibt es für die Kunst einen Neubeginn?

Die sowjetischen Genossen geben rasch und präzise Antwort auf die Fragen, die sich viele Künstler vorlegen. Ein Aktivist der ersten Stunde, der Schriftsteller und Kritiker Fritz Erpenbeck, erinnert sich: »In Alt-Friedrichsfelde, wo General Bersarin in einem bescheidenen Mietshaus seine Kommandantur leitete, rief er uns erstmalig zusammen – ›uns‹, das waren Kulturschaffende, wie sie zufällig in der Nachbarschaft ansprechbar waren. Es war ein aufwühlendes Erlebnis, mit welcher Selbstverständlichkeit General Bersarin den untrennbaren Zusammenhang zwischen materiellem und kulturellem

Das zerstörte Bühnenhaus 1945

Wiederaufbau des Bühnenraumes

Das Varieté spielt wieder

Oberst Georgi Timofejewitsch Rogaljow initiierte die Eröffnung des ›Palast-Varietés‹

Aufbau darlegte. Die kleine Versammlung beschloß, alle nur irgend erreichbaren Kulturschaffenden in einem barackenähnlichen Saal in Friedrichsfelde zusammenzurufen.

Es fuhr noch kein öffentliches Verkehrsmittel, es gab kein Telefon, keinen Rundfunk, die meisten Brücken waren unpassierbar, die physische Erschöpfung der Menschen war beängstigend – dennoch trafen sich mehr als 200 Künstler, Journalisten, Schauspieler und Musiker; darunter viele ältere Kollegen, die, aus westlichen Stadtteilen kommend, vier oder fünf Stunden über zerstörte Straßen gewandert und über Trümmerberge geklettert waren. Nach der Ansprache des Generals sah ich Männer, die weinten – so ergriffen und zutiefst erschüttert waren sie...«

Am 13. Mai 1945, am selben Tage, an dem die letzte Radiostation der »Reichsregierung« Dönitz, der Sender Flensburg, verstummt, meldet sich aus Berlin die Stimme des neuen, demokratischen Rundfunks. Fünf Tage danach hebt im überfüllten Großen Saal des Funkhauses an der Masurenallee Generalmusikdirektor Leopold Ludwig den Taktstock zum ersten Sinfoniekonzert nach dem Kriege: Eilig zusammengetrommelte Orchestermitglieder der zerbombten Städtischen Oper spielen für Sowjetsoldaten und Berliner Bürger die Serenade für Streicher op. 48 von Peter Tschaikowski, die Polowetzer Tänze von Alexander Borodin, die 7. Symphonie von Ludwig van Beethoven und den Frühlingsstimmenwalzer von Johann Strauß.

Im Renaissancetheater, dem einzigen völlig intakten Theater der Stadt, finden sich ein paar Schauspieler ein und führen den Schwank »Der Raub der Sabinerinnen« auf – das einzige Stück, für das sie zufällig die nötige Anzahl Rollenbücher auftreiben konnten. Einige Wochen später wird Max Reinhardts traditionsreiches Deutsches Theater wieder eröffnet.

Berlin beginnt wieder zu leben. In einem halbzerstörten Gebäude, dicht neben dem von SS-Kommandos fünf Minuten nach zwölf sinnlos gesprengten Warenhaus Karstadt, wird – mit der Schlagzeile »Neukölln hat wieder Wasser!« – die erste Ausgabe der »Berliner Zeitung« gedruckt. Sie berichtet auch über die erste größere Unterhaltungsveranstaltung mit Artisten, Rezitatoren und einem Pianisten.

In den Außenbezirken tauchen in diesen Frühsommermonaten bunt zusammengewürfelte Kleinkunsttruppen auf. Akrobaten und Humoristen, Schlagersänger und Manipulatoren, Tänzerinnen und Conférenciers improvisieren Programme in Stadtrandkinos und Vorortlokalen. Am 17. August 1945 erhält die heitere Muse eine feste Heimstatt im Zentrum: Das notdürftig enttrümmerte »Theater des Volkes« öffnet unter der Direktion von Marion Spadoni als »Palast-Varieté« seine Pforten.

Spadoni – der Name hat in der Fachwelt einen guten Klang. Marion Spadoni war Schulreiterin, trat als Zauberkünstlerin auf und tanzte als Solistin und im Duo mit ihrer Schwester auf fast allen Varietébühnen Europas. Ihr Vater, Paul Spadoni, war einst ein bekannter Kraftjongleur, bis ihn eine schwere Verwundung im ersten Weltkrieg zum Umsatteln zwang. Er wechselte den Beruf, aber er blieb dem Fach treu und gründete in der Dorotheenstraße, unweit vom »Wintergarten«, eine Artistenagentur.

Als die junge Sowjetmacht und die Weimarer Republik 1922 im Vertrag von Rapallo vereinbarten, wirtschaftliche, wissenschaftliche und kulturelle Kontakte herzustellen, vermittelte Paul Spadonis Büro gemeinsam mit der Moskauer Artistenföderation das erste Gastspiel deutscher Artisten in der Sowjetunion. Hunderte reisen erwartungsvoll, doch skeptisch in das Land, dessen neue, sozialistische Ordnung von der bürgerlichen Presse geschmäht und verteufelt wurde. Ihre schiefen, von antikommunistischer Propaganda gespeisten Vorstellungen wurden über den Haufen geworfen. In der Welt, die sie staunend entdeckten, waren sie nicht den Gesetzen des gnadenlosen Konkurrenzkampfes und dem Gagendiktat profitsüchtiger Unternehmer ausgeliefert. Die heitere Muse galt nicht als Stiefkind der Kunst: Trotz ökonomischer Schwierigkeiten nach jahrelangem Bürgerkrieg und kapitalistischer Intervention förderte die Rätemacht großzügig Zirkus und Varieté.

»Die Fragen der Unterhaltungskunst sind die ersten Fragen der zweiten Etappe«, hatte der Volkskommissar für Bildung, Anatoli Lunatscharski, wenige Monate nach der Oktoberrevolution verkündet. Wie ernst und wichtig die sowjetischen Behörden diese Fragen nahmen, begriffen die deutschen Artisten im Jahre 1922 bei ihrer Tournee.

Mancher der Alten mag sich nun, im Sommer 1945, daran erinnern, als der Berliner Stadtkommandant, Generaloberst Bersarin, Marion Spadoni eine Varieté-Lizenz erteilt. Ehe sich der Vorhang zur festlichen Premiere öffnet, begrüßt die frischgebackene Direktorin in drei Sprachen die Zuschauer, unter denen als Ehrengäste Vertreter der alliierten Militärverwaltungen sitzen. Dann rollt ein buntes Programm ab: Die drei Truzzi treiben zwerchfellerschütternde musikalische Clownerien, der Faß- und Stuhlspringer Aldino vollführt mit verbundenen Augen große und gewagte Sprünge, und der Stepexzentriker Tobby Boho schlenkert und verrenkt die gelenkigen Glieder. Hoch über dem Bühnenboden zeigt die Fritz-Klein-Truppe ihre Luftakrobatik, und auf den Brettern steuern – nachdem der sowjetische Oberst Gnedin sich persönlich für die Futterversorgung der Tiere einsetzte – Crockers gelehrige Braunbären knatternde Motorräder.

»Nun haben wir endlich das Varieté, von dem man sprechen kann«, lobt die »Berliner Zeitung«. Freilich, vor diesem Varieté türmen sich noch hohe Schuttberge, denen fleißige Trümmerfrauen – ein paar Dutzend von insgesamt 22 000 in Berlin – mit Schippe, Spitzhacke und Hammer zu Leibe rücken. Und auch im Gebäude sind längst nicht alle Bombenschäden behoben. Werner Miltzow, erster (und damals einziger) Tischler des »Palast-Varietés«, erzählt aus der Pionierzeit:

»Als ich eingestellt wurde, war das Bühnenhaus zerstört, und wir mußten ganz klein anfangen. Die heutige Vorbühne war unsere Spielbühne; sie wurde auf sechs Meter verbreitert. Beim heutigen Eisernen Vorhang war's damals zu Ende. Vor dem Eisernen

Marion Spadoni

Karl Stäcker
gehörte zu den ersten, die wieder im Ensemble des Hauses arbeiteten

Vorhang, besser gesagt, vor einem Teil des Eisernen Vorhangs, hatten wir eine große Holzwand gezogen, damit wir plastische Aufbauten – zum Beispiel brauchten wir einmal ein Tiroler Haus – anscharnieren konnten. Einen Schnürboden gab es nicht, auch keine Seitenbühnen ...«

Eine Hobelbank bildet den Grundstock der Werkstatt. Es fehlt an allem, fast an allem – an Stoffen für die Artistenkostüme, an Nägeln, Holz und Leinwand für die Dekorationen, an Noten, Scheinwerfern, Glühbirnen und Ballettschuhen. Und die Zuschauer? Im ersten Nachkriegswinter hocken sie mit knurrendem Magen, in Decken gehüllt, im ungeheizten Haus und wärmen sich in der Pause an einem Schluck Malzkaffee aus der Thermosflasche.

Dennoch: Das Varieté in Berlin ist nicht tot. Das Varieté spielt. Der Vorhang geht wieder auf. Vorläufig im Handbetrieb, weil die Elektroanlage den Bomben zum Opfer fiel.

Stelldichein der Artistik

Marion Spadoni und ihre Helfer gehen mit Feuereifer ans Werk. Der Bühnenbildner Paul Seltenhammer zaubert trotz chronischer Materialknappheit farbenfrohe Dekorationen auf die Behelfsbühne – und kaum ein Besucher ahnt, daß sich wenige Schritte hinter der bunt und lustig gemalten Alpenlandschaft, dort, wo früher die riesige Hauptbühne begann, noch ein Bombentrichter befindet. Der Kapellmeister Ralph Zürn formiert ein Orchester, das sich hören lassen kann, und die Ballettmeisterin Sabine Ress stellt ein Varieté-Ballett auf die anmutigen, gut trainierten Beine. Mit der Solistin Natascha Trofimowa, die später an den Opernhäusern von Berlin und München Titel und Ruhm einer Primaballerina erringen wird, bringt es in der Eröffnungsvorstellung das kleine Tanzbild »Eine Ballettstunde«. In der kleinen Gruppe tanzt auch Helga Wasmer-Witt, spätere Solistin, Ballettmeisterin und Choreographin des Metropol-Theaters. Das Ballett-Bild ist seit diesem Auftakt bis in die Mitte der fünfziger Jahre aus den Programmen nicht mehr wegzudenken. Es gehört zum Varieté im Haus an der Spree, wie der Sternenhimmel zum »Wintergarten« und die Revuegirls zur »Scala« gehörten.

»Wintergarten«, »Scala« – die Stichworte sind gefallen. Das »Palast-Varieté« tritt das Erbe dieser Großvarietés (und auch das der volkstümlicheren, doch nicht minder berühmten »Plaza« am Küstriner Platz) an. Namhafte Artisten, die dort arbeiteten, finden sich nach und nach wieder in Berlin ein. Der Krieg hat sie in alle Himmelsrichtungen verschlagen. Sie suchten vor den Bomben in entlegenen Dörfern Zuflucht oder wurden, zur Truppenbetreuung beordert, irgendwo in der Etappe vom stürmischen Vormarsch der Alliierten überrollt. Und mancher von ihnen, der jung und »wehrwürdig« war, mußte das Flitterkostüm an den Nagel hängen und in die graue Uniform schlüpfen. Jetzt kehren sie zurück aus dörflichen Asylen, aus Gefangenenlagern, von Tingeltourneen übers flache Land, bei denen ihnen ein saftiges Schinkenstück oder

Thea Alba, das Schreibphänomen

Der Jongleur King Repp

Fredy Sieg

Der Verwandlungskünstler
Nicola Lupo

eine hausgemachte Leberwurst lebenswichtiger waren als ehedem die Spitzengagen. Die alte Metropole der deutschen Artistik lockt sie wieder an. Die Stätten ihrer einstigen Erfolge liegen in Schutt und Asche. Das Haus Am Zirkus 1 wird ihre neue künstlerische Heimat.

Es kommt Truxa. Ein Salto auf dem Drahtseil, das unter dem Sternenhimmel des »Wintergartens« gespannt war, machte Edgar Eitner im Varieté bekannt und auf der Leinwand zum Star-Double: Im Jahre 1937 lieh die UFA seine Darbietung für den Artistenfilm »Truxa« mit Hannes Stelzer und Erik Charells ehemaliger Revuetänzerin La Jana aus. Der Artist nahm später den Filmnamen als Künstlernamen an.

Die Luftakrobatin Nina Karpowa stellt sich ein. Wenn sie in schwindelnder Höhe zur gefährlichen Fußwelle ansetzt, stockt dem Publikum der Atem. In der »Scala«, wo sie ihre größten Triumphe feierte, erlitt sie im Dezember 1942 auch den schlimmsten Unfall ihrer Laufbahn: Weil ein Seil zu straff angezogen war, griff sie beim Abstieg daneben und stürzte zwölf Meter in die Tiefe.

Nach dem Motto »Lass deine linke Hand nicht wissen, was die rechte tut« verblüffte Thea Alba bereits in den Vorkriegsjahren die hauptstädtischen Varieté-Besucher, indem sie beidhändig (und gleichzeitig) in zwei Sprachen schrieb und mit allen zehn Fingern zugleich verschiedene Ziffern an eine Tafel malte. Im »Palast-Varieté« hat die originelle Nummer ein erfolgreiches Comeback.

Älter, doch noch lange nicht müde geworden, schleudert der Jongleur King Repp wieder seine »Bumerang-Hüte« in den Zuschauerraum. Der Sohn des Oberkellners im Berliner »Prater«, ein waschechter Spree-Athener mit kessem Mutterwitz, der mit dem Publikum launige Gespräche anzuknüpfen pflegt, hat ein gutes Stück deutsche und internationale Varieté-Geschichte erlebt. Er war dabei, als im November 1920 die junge »Scala« in scharfe Konkurrenz zum ehrwürdigen und renommierten »Wintergarten« trat. King Repp bereiste fast die ganze Welt, bis nach Rio de Janeiro und Melbourne. Er gehörte zur ersten deutschen Artistengruppe, die in der Sowjetunion gastierte. Und er stand als erster Artist Berlins nach der Befreiung vom Faschismus auf den Brettern: Im Mai 1945 jonglierte er in Buchholz, am Nordrand der Hauptstadt, für Soldaten der Roten Armee.

Stelldichein – nicht nur der Artistik. Beliebte Sänger und Conférenciers tauchen wieder auf. Es kommt der Tanz- und Schaukapellenleiter Kurt Widmann. Unangefochten darf er jetzt den heißen Swing musizieren, den ihm die NS-Reichsmusikkammer als »entarteten Niggerjazz« aus dem Repertoire strich.

Und es kommt Fredy Sieg. In luxuriösen Vergnügungsetablissements der Bourgeoisie ist er selten oder nie aufgetreten. Fredy Siegs Kunst wurzelt in der Tradition der Sängergesellschaften, die um die Jahrhundertwende auf Sommerbühnen und in Kabarettkneipen die kleinen Leute mit Couplets und deftigen Sketchen unterhielten. Sein Milieu war das Brettl der Arbeiter und Kleinbürger von Berlin O; sein Zuhause fand er in »Carows Lachbühne« am Weinbergsweg.

Direktor Lupo mit seinen Mitarbeitern beim Aufbaueinsatz

»Uralter Mimus, ewiges Theater. Berliner Lokalkomiker und internationaler Clown«, urteilte der Rezensent Herbert Jhering über Erich Carow, den Besitzer, Autor, Regisseur und Hauptdarsteller. Das Publikum kreischte und schlug sich auf die Schenkel, wenn Carow in seinen Possen derbe Ohrfeigen austeilte und Berge von Porzellan zertrümmerte. Zum Bühnenjubiläum gratulierten ihm die prominentesten Staatsschauspieler, Charlie Chaplin erwies ihm bei einem Besuch an der Spree seine Reverenz, und als er im März 1930 in der pikfeinen »Scala« mimte, strich er dieselbe Spitzengage ein wie der weltberühmte Grock – 45 000 Mark.

1921, als Fredy Sieg am Weinbergsweg anfing, ging es bei Carows noch bescheidener zu. Ehefrau Lucie saß selbst an der Kasse, und der Neuling wurde mit sechs Mark Abendhonorar abgespeist. Die Summe stieg rasch; denn Fredy Sieg wurde für Erich Carow ein fast unentbehrlicher Partner: »Ohne Sieg kein Carow, ohne Carow kein Sieg!« witzelten die Stammgäste.

In einer Bombennacht des Jahres 1943 wurde »Carows Lachbühne« zerstört. Fredy Sieg bringt den Altberliner Humor, dessen Domizil in Trümmer sank, auf die Bühne des »Palast-Varietés«. Wie einst trägt er zum Auftritt weiße Handschuhe und Gamaschen. Stramm und präzise marschiert der betagte Herr zwischen den Coupletstrophen im Kreise umher und schwenkt grüßend die Melone. Wie vordem im Theaterkeller am Weinbergsweg brandet nun im Haus an der Spree das Gelächter auf, wenn Fredy Sieg detailliert die turbulente Hochzeit bei »Zickenschulze« schildert und in Erinnerungen an Emma schwelgt, mit der er »uff de Banke« an der »Krummen Lanke« saß. Das Berlin, das er bedichtet und besingt, ist untergegangen. In Fredy Siegs Rückblick wird es für ein paar Minuten noch einmal lebendig.

Heitere Muse von A bis Z, von Akrobatik bis »Zickenschulze«: Berlin hat wieder ein Varieté von Rang, wenn auch mit provisorischer Bühne. Für die Beseitigung der schweren Bombenschäden fehlen der Privatdirektorin Marion Spadoni die Mittel. Als sie vor den finanziellen und organisatorischen Schwierigkeiten einer umfassenden Rekonstruktion aufsteckt, versucht der Intendant des Metropol-Theaters und Filmregisseur Arthur Maria Rabenalt das Haus für die Operette zurückzugewinnen. Doch am 1. November 1947 übernimmt der Magistrat das Unternehmen und tauft es in Friedrichstadt-Palast um. Zwei Jahre später, im Geburtsjahr der Republik, wird das Bühnenhaus mit einer Drehbühne von 18 Metern Durchmesser und einem 23 Meter hohen Schnürboden wieder aufgebaut.

Zum künstlerischen Direktor des Friedrichstadt-Palastes wird Nicola Lupo berufen. Im Haus an der Spree hat der zierliche, agile Italiener, der mehrere Sprachen spricht – oder perfekt radebrecht – schon im Jahre 1945 gedolmetscht. Am Varieté heimisch ist er seit 1915. Damals debütierte er als Verwandlungskünstler in einem kleinen Petersburger Kino und schlug trotz billiger Ausstattung, selbstgenähter Garderobe und gepumpter Perücken auf Anhieb ein. Bald erhielt er Verträge für die »Eremitage« Moskau, das »Intime Theater« Kiew, das »Theater der Miniaturen« Charkow

Der Zuschauerraum 1949

und das »Künstlertheater« Odessa. Später, nach dem ersten Weltkrieg, spielte er auf den bekanntesten Varietébühnen Europas – im Berliner »Wintergarten« trat er zum letzten Mal im Jahre 1943 auf.

Nicola Lupo verwandelte sich in Kostüm und Maske, in Stimme und Geste blitzschnell und virtuos vom Jüngling zur alten Schachtel, vom hübschen Mädchen zum Greis; er konnte tanzen und singen, konnte urkomisch und todernst sein.

»Wie er das machte, war grandios«, rühmte ein Kritiker. »Sechs Rollen zu spielen in acht Minuten, einen Sketch mit einer Person, ohne das Publikum ermüden zu lassen. Zunächst ein Oberkellner, lächelnd, erzählend, im Hintergrund portierenverhangene Türen. Plötzlich ist er verschwunden, und von der anderen Seite erscheint Fiffi, der Vamp in wallender Robe und allem Drum und Dran. Zur nächsten Tür tritt ein Provinzonkel ein, flirtet mit dem Vamp, der Oberkellner muß Sekt bringen – da taucht die Gattin auf, es gibt eine Szene, ein Polizist erscheint und zum Schluß wieder der Ober. Das zu lesen, dünkt unwahrscheinlich. Das zu sehen, offenbart eine Arbeit, die Schweiß kostet und Beherrschung...«

Sieben Jahre lang leitet Nicola Lupo, ein großer Könner eines heute sehr selten gewordenen artistischen Genres, den Friedrichstadt-Palast. Er verpflichtet Dutzende artistischer Spitzenkräfte. Als sich der Reiseverkehr normalisiert, trudeln auch die ausländischen Kollegen wieder ein. Das Haus an der Spree wird internationaler Treffpunkt.

Ein bißchen abergläubisch wie viele alte Varietéhasen, schwört Nicola Lupo auf seine Glückszahl, die Dreizehn. Stets enthalten seine geschickt zusammengestellten Programme vor der Pause dreizehn Nummern. Danach folgt ein Tanzbild – mal im Altberliner Volksfestmilieu des »Stralauer Fischzugs«, ein andermal nach flotten Operettenmelodien arrangiert und zuweilen, mit Gastsolisten aus den hauptstädtischen Opernballetten, sogar im streng klassischen Stil.

Doch das hohe Niveau der Vorstellungen täuscht nicht darüber hinweg, daß Machart und Mixtur den zur Konvention erstarrten Kriterien des bürgerlichen Varietés verhaftet bleiben, dem Nicola Lupo entstammt. Über seinen Schatten kann der erfahrene, verdienstvolle Fachmann nicht springen. Der Unterhaltungskunst erschließt er keine neuen Wege. Ein Künstler, der vom Theater kommt, wird sie im Friedrichstadt-Palast beschreiten.

Noch einmal Chansons im Tunnel

Wir müssen den Leser um Nachsicht und Verständnis bitten, wenn wir an dieser Stelle den chronologischen Fluß unseres Berichts kurz unterbrechen, wenn wir ein wenig zurückblenden und ein bißchen vorgreifen. Denn hier soll nicht die Rede sein von Vorstellungen und Stars auf der Riesenbühne des Hauses an der Spree. Unsere kleine Abschweifung gilt den Nebenräumen.

Nebenräume – der Leser wird sich vielleicht erinnern: Als die Markthalle in den Markthallenzirkus verwandelt wurde, fand in dem Gebäude auch die Gastronomie ihren festen Platz. Büfetts und Restaurants wurden eingerichtet.

Einer dieser Nebenräume, der in der Charell-Epoche den stolzen Namen »Palmensaal« trug, gewinnt 1945 für die Artisten und das gastronomische Gewerbe besondere Bedeutung: Er öffnet seine Pforten als Künstlerklub Palast-Casino der Internationalen Artistenloge (IAL), des alten gewerkschaftlichen Interessenverbandes der Unterhaltungskünstler, der in der DDR später in der Gewerkschaft Kunst des FDGB aufgeht. Dieses Palast-Casino ist zugleich das erste Nachtlokal im zerbombten Nachkriegsberlin. Doch bald blüht in diesen Räumen der Schwarze Markt, und Günter Neumann entwickelt hier sein Szenarium für die Revue »Schwarzer Jahrmarkt«.

Im ehemaligen Renz-Tunnel-Restaurant links neben dem Eingang zur Kassenhalle aber schlägt noch einmal, wie nach dem ersten Weltkrieg, das Kabarett sein Domizil auf. Und wie damals, als Gussy Holl und Paul Graetz hier die Chansons von Kurt Tucholsky und Walter Mehring sangen, nennt es sich »Schall und Rauch«.

Am 4. Oktober 1946 hat das dritte, von Willy Markiewicz geleitete »Schall und Rauch« Premiere. Der traditionsreiche Name verpflichtet, doch die Verpflichtung wird nur teilweise eingelöst. »Jede Nummer ein mutiger Griff in die Gegenwart. Kein Ausweichen vor den Zeitproblemen«, lobt die Presse zwar eines der Programme, den »Rummelspuk«, in dem Gestalten des untergegangenen Dritten Reiches umhergeistern und im Westen zu neuer, gespenstischer Realität erwachen. Aber solche Anerkennung findet »Schall und Rauch« nur selten, und viele seiner Darbietungen ernten mehr oder minder herbe Kritik.

Der Mißerfolg ist kein Zufall. Zwölf Jahre lang war in Deutschland die politisch-literarische Satire verfemt und von den Podien verbannt. Gefeierte Kabarettisten der Weimarer Republik wurden in Konzentrationslager gesperrt und ermordet, mußten emigrieren oder wichen, um zu überleben, in die Gefilde unverbindlicher Unterhaltung aus. Die Kontinuität der Entwicklung war unterbrochen. Jetzt, da die demokratische Freiheit der Kunst endlich wiedergewonnen ist, schießen in Berlin (und nicht nur in Berlin) Kabaretts wie Pilze aus der Erde. Alte Hasen des Brettls, die – um bei keinem NS-Amtswalter anzuecken – in den vergangenen Jahren nur garantiert unpolitische Schwiegermutterwitze erzählten, und junge, von der politischen Mission des Kabaretts besessene, aber herzlich unerfahrene Leute finden sich in bunt zusammengewürfelten Truppen und Trüppchen und suchen einen neuen, zeitgemäßen Kabarettstil.

Oft muß bei diesen Nachkriegsgründungen guter Wille mühsam das ausgereifte

Können ersetzen. Viele Programme sind unausgegoren, sie schwanken zwischen billigen, ein bißchen aktualisierten alten Scherzchen und einem krampfhaft optimistischen »Aufbauhumor«, und zuweilen wird statt mit dem satirischen Florett mit dem Holzhammer hantiert.

Symptome dieser Kinderkrankheiten zeigt auch »Schall und Rauch«. Die Bedeutung, die das Unternehmen gleichen Namens am gleichen Platz im Jahre 1919 für die Brettlkunst gewann, vermag es in seiner kurzlebigen Existenz nicht zu erreichen.

Eine wichtige Rolle für die Entwicklung des Berliner Kabaretts nach 1945 spielt der fast genau einen Monat vor »Schall und Rauch« im ehemaligen Amüsierlokal »Alt-Bayern« gegründete »Frische Wind«. Auch er findet, ehe er ins »Haus Vaterland« am Potsdamer Platz umzieht, für eine Weile Unterschlupf im Pfeilergewölbesaal des Hauses an der Spree. Die Spuren des »Frischen Windes« sind nicht verweht; sie führen auf direktem Wege in die kabarettistische Gegenwart: Als das Unternehmen im Jahre 1948 aufgelöst wird, schließt sich der Rest des auseinanderfallenden Ensembles zum Reisekabarett »Kleine Bühne« zusammen. Darsteller und Autoren dieser »Kleinen Bühne« bilden 1953 den Stamm der »Distel«, die seither im »Haus der Presse« am Bahnhof Friedrichstraße, in Sichtweite des Hauses an der Spree, blüht und gedeiht.

Als die »Distel« bereits im zweiten Lebensjahr kräftig und mit dauerhaftem Erfolg piekt und sticht, vollzieht sich im Tunnel des Friedrichstadt-Palastes, der unterdessen die Tanzgaststätte »Melodie« beherbergt, noch einmal ein kabarettistisches Zwischenspiel. Mit Unterstützung des Magistrats rufen der Regisseur Joachim Gürtner und der Texter Kurt Zimmermann das »Palast-Brettl« ins Leben.

Zum Kleinensemble gehören kabaretterfahrene Kräfte: die kapriziöse Loni Michelis, die mit Eleganz und Präzision Pointen zu setzen weiß, der pfiffig verschmitzte Charakterkomiker Willi Narloch und der trockene, verhalten witzige Herbert Köfer, der später, bei einem Personalwechsel, zum »Palast-Brettl« stößt. Vor allem aber kehrt eine Frau in den Tunnel zurück, die hier in »Schall und Rauch« von 1919 als junge, unbekannte Künstlerin durch drastische Komik und ausgeprägten Sinn für das Groteske die ersten Lorbeeren erntete: Annemarie Hase. Sie war eine der Großen des Berliner Kabaretts der zwanziger Jahre, und 1929 rühmte ein Kritiker ihre »derbe, humoristisch explodierende Kraft«. Am 2. März 1955 beweist sie im Eröffnungsprogramm »Aller Unfug ist schwer«, daß sie sich diese Kraft über die Jahrzehnte hinweg bewahrt hat, und singt mit herrlich komischen, rauhen Tönen das Lied einer altgedienten Theatergarderobenfrau: »Ick warte immer auf den letzten Akt ...«

Das »Palast-Brettl« wartet mit einer Reihe aktueller, treffsicher pointierter Szenen und Chansons auf. Es ist politisch nicht zahnlos, sondern greift an. Und es versucht, in seinem zweiten Programm – »Berlin im Hemd« – auch die alte Kabaretttradition der literarisch-musikalischen Parodie wiederzubeleben. Frei nach Kuba und André Asriel bietet es eine »Bärenlotterie-Kantate«, frei nach Bert Brecht und Paul Dessau erklingt der »Song vom Aufbaudorf Berlin«, und frei nach Johannes R. Becher und Hanns Eisler wird ein »Lied von den blauen Hemden« angestimmt. Die gelungenen geistvollen Scherze werden von Sachkennern bejubelt und von den betroffenen Dichtern und Komponisten als ein Jux unter Künstlern humorig akzeptiert. Aber – und dies ist die Kehrseite der Medaille – kommen die zu später Stunde servierten Kabarettspäße beim Tanzpublikum der »Melodie« an?

Die Kritik verneint es, und die Praxis lehrt, daß sie mit dieser Meinung recht behält. In der »BZ am Abend« urteilt Peter Edel schon über den Auftakt des »Palast-Brettls« sehr skeptisch: »Gegen die Tristesse des viel zu großen Restaurants, in dem von Intimität keine Rede sein kann, käme vielleicht ein Büttenredner an, wenn das Haus und die Gäste zum Brechen voll wären, aber selbst unter verhältnismäßig günstigen Bedingungen wird auch der fähigste Kabarettist unter diesem wunderlich bemalten Gewölbe und zwischen diesen abscheulichen Säulen immer die weitläufige Architektur gegen sich haben. Der Genius loci ist ein Pointentöter. Sogar die gutgezielten Späße des Programms kommen einfach nicht an. Wenn sie die Sache treffen, treffen sie dennoch das Publikum nicht ...«

Gewiß trägt der Raum nicht allein die Schuld; denn gegen seine »Tristesse« setzten sich anno 1919 Gussy Holl und Paul Graetz, Blandine Ebinger und Rosa Valetti erfolgreich durch. Und ganz sicher sind die Berliner des Jahres 1955 nicht kabarettmüde. Die fast allabendlich ausverkaufte »Distel« belegt es. Nur: Mit der Zeit und mit dem Kabarettstil, der die Epoche widerspiegelt, haben sich seit den längst vergangenen Tagen des zweiten »Schall und Rauch« auch die Publikumsgewohnheiten geändert. Wer den geschliffenen Pointen des politisch-literarischen Kabaretts nachspürt, der zieht das Kleintheaterparkett der »Distel« der Nachtlokalatmosphäre der »Melodie« vor.

Das »Palast-Brettl« hat niveauvolle Texte und gute Darsteller. Doch bei dem Versuch, im Tunnel des Hauses an der Spree intimes Brettl zu spielen, stehen die Künstler auf verlorenem Posten, vor dem falschen Publikum. Die Kabarettisten räumen das Podium. Gutklassige Artisten aus den laufenden Programmen des Friedrichstadt-Palastes bieten den Besuchern der »Melodie« fortan in den Verschnaufpausen zwischen den Tanzrunden unterhaltsame Einlagen.

In der Zeit, da das »Palast-Brettl« aufgibt und artistische Streuprogramme in den Tunnel einziehen, sitzt zwei Stockwerke höher, im Direktionsbüro des Friedrichstadt-Palastes, bereits Nicola Lupos Nachfolger Gottfried Herrmann. Von ihm und von seinen Inszenierungen, die im Haus an der Spree eine neue Etappe einleiten, soll nach dem Exkurs in die Nachkriegsgeschichte der Nebenräume die Rede sein.

Auf neuen Wegen

Seine Laufbahn begann er als Buffo und singender Bonvivant. Nach dem Kriege wechselte Gottfried Herrmann in Schwerin zum Schauspiel über. Im Berliner Theater am Schiffbauerdamm inszenierte er als Gast eine Gegenwartskomödie aus der Tschechoslowakei, »Menschen unserer Straße« von Peter Karvas, beim Rundfunk und später bei dem jungen Medium Fernsehen gewann er Regieerfahrungen hinzu.

Im Fernsehstudio Adlershof kommt er bei Unterhaltungssendungen zum erstenmal in Arbeitskontakt mit Artisten. Als er im Sommer 1954 die Direktion des Friedrichstadt-Palastes übernimmt, ziehen manche Routiniers vom »Bau« die Stirn ein wenig kraus: Kann der Theatermann, kann der Funk- und Fernsehspezialist ein Großvarieté leiten?

Er kann es – und befreit den Friedrichstadt-Palast aus der drohenden Gefahr künstlerischer Stagnation. Gottfried Herrmann, der sich beim Rollenstudium in Schwerin oder in der Regiekabine des Funkhauses ganz gewiß nicht über Schraubensalto, Flic-flac und Fersenhang den Kopf zerbrochen hat, zeigt ein sicheres Gespür für saubere artistische Leistung. Und er ist zutiefst überzeugt von der bedeutsamen Rolle der Unterhaltung in der neuen Gesellschaft. »Die heitere Muse ist kein Stiefkind sozialistischer Kunst; sie verdient sorgsam und mit Liebe aufgezogen zu werden«, äußert er in einem Referat.

Gottfried Herrmann versucht, die einzelnen Darbietungen aus ihrer Isolierung zu befreien und in einen szenischen Rahmen zu stellen. Ein roter Faden, ein knapper Dialog knüpft die Verbindung von Nummer zu Nummer, ein Tanz bereitet den artistischen Auftritt vor. Gottfried Herrmann inszeniert »gebundene«, »gestaltete« Programme. Im Haus an der Spree zieht die Varieté-Revue ein.

Revue im Varieté – erinnern wir uns: Von der Form her ist das gewiß nichts Neues. In den zwanziger Jahren, als sich die große bunte Schau Berlins Unterhaltungsbühnen eroberte, war es die »Scala«, die im Kontrast zur herkömmlichen Darbietungsfolge des »Wintergartens« mit prächtigen Revueinszenierungen aufwartete. Über die Beweggründe notierte der »Scala«-Direktor Eduard Duisberg in seinem Tagebuch:

»Früher setzte man das Varieté mit einer bestimmten Art von Unterhaltung gleich. Man dachte: Bizeps statt Gehirn! Jahraus, jahrein wurde nach derselben Formel gearbeitet, Nummer folgte auf Nummer ... Und wenn nun ein besonders treuer Varietébesucher zwölf Jahre lang, in jedem Jahr in zwölf Monaten zwölf Nummern gesehen hatte, so gab es für ihn wohl schon vor Ablauf dieser zwölf Jahre nichts Neues mehr. Die Folge war, daß eine Übersättigung eintrat. Immer wieder konnte man von Varietébesuchern hören: ›Wenn ich zweimal im Jahr im Varieté war, dann habe ich genug, es ist ja immer dasselbe‹ ...«

Eduard Duisbergs kritische Überlegungen treffen zweifellos einen wunden Punkt des Nummernprogramms. Aber sie verraten auch, daß nicht allein künstlerische, sondern mehr noch finanzielle Erwägungen bei der Geburt der »Scala«-Revue Pate standen. Der Hauptaktionär des Unternehmens, die Union Bank Stockholm, erwartete eine volle Kasse. Die Revuen brachten sie. Ihre aufwendigen Effekte und ihre kostspielige Ausstattung verzinsten sich – auch politisch: Sie lenkten das gefesselte, amüsierte Publikum von der Realität ab.

Gottfried Herrmann verfolgt mit der Varieté-Revue ein konträres Ziel. Er will – nach einem Bonmot des Conférenciers Heinz Quermann – »natürlich nicht die hübschen Beine der Ballettmädchen durch den Holzhammer ersetzen« und der Unterhaltungskunst wesensfremde Elemente aufpfropfen. Aber er will mit der Revue, in Wort und Musik, durch Gesang und Artistik ein Stück Wirklichkeit widerspiegeln. »Der Inhalt einer solchen Inszenierung wird nicht von dem ›roten Faden‹ bestimmt, sondern auch von Art, Genre und Niveau der Artisten«, betont er und fügt hinzu: »Es gibt natürlich keinen sozialistischen Handstand. Aber es gibt sehr viele gute, wesentliche Momente in einer Akrobatennummer, beispielsweise Schönheit des menschlichen Körpers, Mut, Konzentration. Eine artistische Darbietung kann humanistischen Charakter haben, ebenso, wie sie nihilistischen Charakter haben kann. In erster Linie aber muß sie geschmacksbildend wirken...«

Die »Scala«-Revuen entführten den Zuschauer in politisches Niemandsland. Sie spielten in einer Scheinwelt, ganz gleich, ob sie »Zirkusluft« oder »Piccadilly« oder »Traumkarussell« hießen. Gottfried Herrmanns gelungenste Palast-Revuen stellen sich der Zeit und sind in einer konkreten gesellschaftlichen Umwelt angesiedelt. Sie versuchen die Realität nicht wegzuleugnen, sondern mit den vielfältigen Mitteln des Varietés zu gestalten.

»Budapester Melodie« und »Das goldene Prag« greifen das große und schöne Thema der Freundschaft zwischen den Völkern der sozialistischen Staatengemeinschaft auf. Den gewöhnlichen Faschismus der Rassendiskriminierung prangert »Triumph einer Melodie« an, und »Lüge auf den ersten Blick« konfrontiert den Baron Münchhausen heiter-kritisch mit der Gegenwart. Zurück in Berlins reiche und wechselvolle Varietégeschichte führt die Revue »Kinder, wie die Zeit vergeht«. Sie verklärt und glorifiziert die Historie nicht; sie verliert sich nicht schwelgerisch in Nostalgie. Aus der festen Position einer besseren Ordnung würdigt sie den Glanz – und verschweigt nicht die Misere der Vergangenheit.

»Kinder, wie die Zeit vergeht« ist nach einhelligem Urteil der hauptstädtischen Presse »der größte Varietéerfolg seit Jahren«, eine Revue, die »die Berliner wie ein Magnet anzieht«. Zwei Herbstmonate des Jahres 1956 lang begeistert sich das Publikum im allabendlich ausverkauften »Haus der 3000« an acht prachtvollen Ausstattungsbildern, in denen »Artistik, Ballett und Musik von vorgestern bis übermorgen« präsentiert werden.

Das Buch des Conférenciers Heinz Quermann führt zurück in »Muscos Cafégarten« anno 1860 und ins alte, längst verschwundene Apollo-Theater, wo um die Jahrhundertwende Paul Lincke den Taktstock schwang und die volkstümliche Berliner Operette das Rampenlicht der Bühnenwelt erblickte. Die Erinnerung an Galaabende der

Finale der »Palast-Revue« 1957

»Münchhausens Brautwerbung«
mit Solotänzer Rolf Jahnke

»Kinder, wie die Zeit vergeht«, Bühnenbild Wolf Leder

heiteren Muse unter dem Sternenhimmel des »Wintergartens« wird heraufbeschworen. Eine eindringliche, knappe Szene, die in den Kulissen der »Scala« spielt, beleuchtet den Einbruch mörderischer Gewaltpolitik in die scheinbar unpolitische, scheinbar unbeschwerte Sphäre der Unterhaltung: In der »Scala« warfen nicht nur die berühmten Girls ihre vielbewunderten Beine. Nach einem kurzen Gastspiel im Großen Schauspielhaus trat dort im Frühjahr 1933 als Star des Programms auch jener berüchtigte »Hellseher« Erik Jan Hanussen auf, der als Vertrauter und Helfershelfer prominenter SA-Führer in einer Séance den Reichstagsbrand »prophezeit« hatte. An dem Berliner Varieté in der Lutherstraße verblüffte er das Publikum zum letzten Mal durch seine raffinierten Tricks. Eines Tages erschien er nicht zur Vorstellung. Erst Wochen später wurde er tot nahe einer Waldchaussee in der Nähe von Baruth aufgefunden. Ein Nazi-Kommando hatte den lästig gewordenen Mitwisser verbrecherischer Geheimnisse entführt und umgebracht ...

Die Revue »Kinder, wie die Zeit vergeht« vollzieht in knapp zweieinhalb Stunden die hundertjährige Entwicklung von der populären Amüsierstätte der Berliner Kleinbürger und Arbeiter zum modernen Weltstadtvarieté nach. Aus der »vollständigen Theater-Kapelle« von drei Musikanten, die im Sommergarten von ehedem die Gassenhauer ihrer Epoche mehr oder minder klangrein, doch stets schwungvoll intonierten, ist nun im Friedrichstadt-Palast Europas größtes Varieté-Orchester mit fast vierzig Mitgliedern geworden. Und anstelle der »Five Sisters Barrison«, die sich, angetan mit neckischen kurzen Hängekleidchen, um 1900 in die Herzen hingerissener Herren tanzten, wirbelt sechs Jahrzehnte später nahezu eine halbe Hundertschaft von Tänzerinnen und Tänzern über die Bretter des Hauses an der Spree.

Mit der Revue in zehn Bildern »Ein Ball rollt um die Welt« greifen Gottfried Herrmann und sein Kollektiv nach einer Idee von Peppi Zahl im Dezember 1959 erneut ein Thema aus der Geschichte der Artistik und des Varietés auf: den mühsamen Aufstieg, den weltweiten Ruhm und den allzufrühen Tod des italienischen Jongleurs Enrico Rastelli.

Glanz und Elend einer Artistenkarriere unter den Gesetzen der kapitalistischen Amüsierindustrie werden in der Fabel deutlich. Das Leben der fahrenden Leute wird der verlogenen Romantik entkleidet. Die Revue schildert Armut und Arbeit im kleinen Wanderzirkus, mit dem die Familie des jungen Enrico das zaristische Rußland bereist, und setzt dieses Milieu des täglichen Kampfes um Brot und Applaus in wirkungsvollen Kontrast zum Drohnendasein der Petersburger Feudalgesellschaft, die den Künstler zum Hofnarren rauschender Feste degradiert. Der Erfolg fällt dem Meister der zwölffachen Balance nicht in den Schoß. Der Siegeszug, der Rastelli in den zwanziger Jahren durch Europa und Amerika führt, ist mit ungezählten Stunden eisernen Trainings erkauft. Und selbst der umjubelte Star internationaler Varietés vermag nicht auszubrechen aus einer Welt, in der Unternehmer und Agenten aus seinem Talent Maximalprofit zu schlagen versuchen. Das Buch der Revue personifiziert diese Ausbeutung artisti-

*Ernesto Kuhn-Montego in
»Ein Ball rollt um die Welt«*

Clown Ferdinand

scher Leistung in der Gestalt des cleveren Managers Jim Busy, der Enrico Rastellis Weg mit untrüglicher Spürnase für das große Geschäft begleitet.

Mit »Ein Ball rollt um die Welt« habe der Friedrichstadt-Palast »seiner Arbeit im Jahre 1959 und vorher im positivsten Sinne des Vergleichs die Krone aufgesetzt«, rühmt das Fachblatt »artistik« und begründet das hohe Lob mit den Sätzen:

»Das Genre der Varieté-Revue hat diesmal wahrscheinlich in so eindeutiger Weise gegenüber anderen Programmstilen ›gesiegt‹, weil das Thema der Handlung die Artistik selbst, weil die Hauptfigur ein Artist ist, dessen Leben hauptsächlich am Werden und Wachsen seiner mit Besessenheit errungenen Meisterschaft geschildert wurde. So wort- und szenenreich die Fabel entwickelt wurde, ihr Hauptinhalt äußerte sich im artistischen Tun des Helden, in der faszinierenden Sprache des raffinierten Spiels mit Keulen, Reifen, Bällen und in der bewundernswerten Beherrschung der Balance. Er manifestierte sich in den möglichst originalgetreuen Reminiszenzen an Rastellis Arbeitsweise und in der Darstellung, wie sich das Vermächtnis des Italieners in einem jungen Deutschen, Ernest Kuhn-Montego, fortsetzt... Folgerichtig schloß auch das Programm mit Montegos großartiger Jonglierkunst ab.

Für die Inszenierung war ein besonders tüchtiger Griff in die Mittel des Schauspiels getan worden, vor allem bei den Bildern aus Rastellis Knaben- und Jünglingsjahren, in die zwar außer Tanzsoli und Gruppentänzen auch artistische Beiträge eingebaut waren, deren Hauptelement jedoch schauspielerischer Natur war. Es war erstaunlich und erfreulich, wie gut sich hierbei die Varieté-Experten in die Regie Gottfried Herrmanns eingefühlt hatten und wie geschickt es der Regisseur und die Buchautoren verstanden hatten, das rechte Maß zu finden. Die Charaktere und Dialoge waren einfach und treffsicher...

Wenn im Varieté thematisch, regielich, bildnerisch und interpretatorisch *so* Theater gespielt wird, ist es richtig, nicht hausfremd, nicht falsch-ehrgeizig.«

Die großen Revuen setzen unter Gottfried Herrmanns Direktion die Akzente des Spielplans. Nummernprogramme wie »Das Jahr fängt gut an«, »Zauber der Jugend« und »Sterne am Varieté« werden darum nicht lieblos und flüchtig mit der linken Hand einstudiert; sie sind keine Stiefkinder des Repertoires, nicht bloß Füllsel und Atempause zwischen zwei aufwendigen Revueproduktionen.

»Dieses ›reine Nummernprogramm‹ war keine willkürliche Abfolge von Nummern. Es war klug aufgebaut in seinem Wechsel von Erregung und Ruhe, von Spannung und Aufatmen, von Ernst und Humor. Es war dynamisch. Ganz zu schweigen von der äußeren Aufmachung, die bunt, lebhaft, aber geschmackvoll war. Mit einem Wort, und genau darauf kommt es an: Es war ein Regisseur am Werk gewesen. Da liegt das Geheimnis«, schreibt der Kritiker und Schriftsteller Fritz Erpenbeck über »Das Jahr fängt gut an«. Und in einer Rezension zu »Zauber der Jugend« würdigt er die konzeptionelle Sorgfalt, mit der Gottfried Herrmann zu Werke geht:

»Ein Nummernprogramm, das, wie schon der Titel sagt, unter einer zwingenden

Heinz Quermann gratuliert Lotte Werkmeister zum 75. Geburtstag

Leit-Idee steht. Es soll hier gleich vorweg gesagt werden, daß der Regisseur diese Idee konsequent durchgeführt und das Programm damit zu schöner künstlerischer Geschlossenheit geführt hat. Daß der Gedanke ›Jugend‹ für den fortschrittlich denkenden und fühlenden Menschen zugleich den Gedanken an die Internationalität und den Frieden einschließt, braucht eigentlich kaum betont zu werden. Es sollte selbstverständlich sein. Im Friedrichstadt-Palast ist es selbstverständlich.«

In mehreren Programmen verwandelt sich der Direktor und Regisseur noch einmal in den Darsteller Gottfried Herrmann. Zum Abstecher ins alte Metier lockt ihn das Kindervarieté, mit dem er das Verständnis der Jüngsten für die schwere Kunst des Leichten zu wecken hofft. Die liebevoll und pädagogisch geschickt gestalteten Vorstellungen lösen bei den kleinen Besuchern Jubel aus. Ihre Standardfigur, der freundliche und pfiffige Clown Ferdinand, hinter dessen lustiger Maske sich der Prager Schauspieler Jiří Vrštala verbirgt, spielt und scherzt sich in die Herzen der Berliner Gören.

»Dieser Mann ist einzigartig, ein im höchsten Grade disziplinierter Künstler, der an den ›Baptiste‹ Jean Louis Barraults und an die guten Geister Raimunds erinnert. Man muß ihn ganz einfach liebhaben, den Ferdinand«, urteilt der Rezensent der Theaterzeitschrift »Theater der Zeit« und zieht das Fazit: »Hier entledigt man sich keiner unangenehmen Ehrenpflicht, sondern der gleiche Ernst und der gleiche Arbeitseifer, der auf das Abendprogramm verwendet wird, gilt der Kindervorstellung.«

Fast wie ein Adreßbuch der heiteren Muse liest sich die Liste der Darbietungen, die Gottfried Herrmann an den Friedrichstadt-Palast verpflichtet. Artistische Nummern, die seit Jahren und manchmal schon seit Jahrzehnten im Varieté und im Zirkus zu Hause sind, finden in seinen Revuen den angemessenen Platz. Exakt wie in Tausenden von Auftritten im Chapiteau oder auf den Brettern baut die Gladiatorengruppe der Romanos ihre kunstvolle Pyramide aus kräftigen Männerleibern, und zwei Generationen leisten Präzisionsarbeit, wenn die Waldo-Truppe vom Schleuderbrett ihre Sprünge und Aufsetzer ausführt.

1938 wechselte der Pianist Kurt Schulze vom Orchester der Berliner Wilhelmshallen als Musikalkomödiant auf die Bühne über. Der Krieg unterbrach jäh die Laufbahn, die noch kaum recht begonnen hatte, und als Kurt Schulze endlich den aufgezwungenen Wehrmachtsrock ausziehen konnte, spielte er zunächst in Städten und Dörfern seiner erzgebirgischen Heimat zum Tanze auf. Mit ein paar exzentrischen Geigen, die er aus alten Blechbüchsen selbst gebastelt hat, wagt er in den fünfziger Jahren einen neuen Start im Varieté. Wenn er musiziert, dann springen die Saiten aus dem Flügel, Violinen zerfallen in ihre Bestandteile und Geigenbogen verwandeln sich in Kreiselpeitschen. Im Friedrichstadt-Palast wird er als »Monsieur Malheur« zur stürmisch belachten Zugnummer. Mit einem von Gottfried Herrmann geleiteten deutschen Artistenensemble gastiert er 1955 in Moskau. Tourneen durch halb Europa schließen sich an; doch in das Haus an der Spree kehrt »Monsieur Malheur« aus Lugau alle paar Jahre wieder als hochwillkommener Stammgast zurück.

Die Romanos-Truppe

Lucienne Boyer
1955 im Friedrichstadt-Palast

Gottfried Herrmann,
Lutz Jahoda und Karl Stäcker
empfangen Anna Zentay und Marta
Rafael aus Budapest

Zu den vielfach Bewährten, im In- und Ausland Prominenten stößt begabter DDR-Nachwuchs. Lothar Löhr jongliert mit Bällen und Ringen, und Jochen Zmeck verblüfft durch heitere, unkonventionelle Zaubertricks. Ende 1957 debütieren zwei anmutige Mädchen und ein junger Mann aus Pirna, die Geschwister Hommel, im Zwickauer Lindenhof-Varieté mit einer »Sinfonie elastischer Akrobatik«. Ein Jahr später präsentieren sie ihre elegante Kür der Körperbeherrschung zum ersten, doch nicht zum letzten Mal im Friedrichstadt-Palast.

Zu den Artisten gesellen sich die Sprecher und Sänger der Palast-Revuen. Vom Mikrofon der »Schlagerrevue« und der öffentlichen Unterhaltungssendung »Da lacht der Bär« kommt Heinz Quermann als Autor, Conférencier und Darsteller. Neben dem witzigen »Dicken« steht häufig ein zweiter, nicht minder rundlicher und nicht weniger schlagfertiger Herr und wirft ihm im Schlagabtausch der Pointen die Bälle zu: Peppi Zahl, ein Urberliner Komödiant, der einst als Apothekerlehrling Pillen drehte und nebenher bei der großen Tragödin Lucie Höflich Schauspielunterricht nahm, ehe er als dritter »dummer August« bei »Reinschs Bunter Bühne« landete. 1951 reizt er zum ersten Mal das Zwerchfell des Publikums im Friedrichstadt-Palast. In rund zwanzig Jahren wirkt er in rund zwanzig Programmen mit, was zweifellos Hausrekord bedeutet, und wenn er nicht gerade den roten Faden einer Revue abspulen hilft, dann mimt und lallt er zwischendurch zum ...zigsten Mal das umwerfende und offenbar unverwüstliche parodistische Solo vom »Schnapsvertreter«, der selbst sein bester Kunde ist.

Schallplattenstars wie Peter Wieland und Lutz Jahoda sorgen im Friedrichstadt-Palast für den guten Schlagerton. Und als Gottfried Herrmann im Jahr 1960 die deutsch-ungarische Koproduktion »Budapester Melodie« inszeniert, stellt sich in der Rolle einer Reiseleiterin eine aparte, charmant conferierende und singende Ungarin vor, die auf der Bühne des hauptstädtischen Varietés sehr rasch heimisch und im Leben bald darauf zur Wahlberlinerin wird: Marta Rafael.

Mit Fug und Recht darf der Friedrichstadt-Palast unter Gottfried Herrmanns Leitung den Titel Weltstadtvarieté beanspruchen. Für Namenlose ist er zum Sprungbrett in die internationale Karriere geworden. Für Namhafte hat er magnetische Anziehungskraft gewonnen. Der Auftritt hier verleiht oder bestätigt Popularität.

Drei Weltnummern aus drei Spielzeiten stehen für viele.

Von der Seine an die Spree reist Lucienne Boyer. Eine getragene, schmelzende Weise erklingt. Die »grande vedette« des Montmartre steht vor dem Mikrofon. Ihre Hände beginnen zu sprechen, und ihre schmiegsame Stimme schmeichelt sich ein, als sie das zärtliche kleine Lied singt, das ihren Ruhm begründet hat: »Parlez moi d'amour«.

Aus München kommt ein leiser und besinnlicher Komödiant aus der Wahlverwandtschaft des genialen Grock: Der Musikalclown Nuk, der die Leute einst als Zahnarzt mit Bohrer und Zange das Gruseln lehrte und sie nun mit Humor und einer widerspenstigen Harmonika zum Lachen bringt, ficht seinen beharrlichen und listigen Kampf mit der Tücke des Objekts aus.

Der Musikalclown Nuk

Jan Kiepura

Gottfried Herrmann (Mitte) mit den Musikalclowns Jocos und Peppi Zahl während der Probe zu seiner letzten Inszenierung »Wie wär's mit einem Schwedenpunsch?«

Über den Ozean fliegt der Tenor Jan Kiepura. Anfang der dreißiger Jahre wechselte er von der Opernbühne ins Atelier über. Aus dem Rudolf in »La Bohème«, dem Cavaradossi in »Tosca« wurde der Star der Musikfilme »Lied einer Nacht«, »Mein Herz ruft nach dir«, »Lied für dich« und »Ich liebe alle Frauen«. Der Faschismus trieb den polnischen Halbjuden aus Sosnowiec ins amerikanische Exil. Im März 1960, als Jan Kiepura im Friedrichstadt-Palast seinen Filmschlager »Heute nacht oder nie« schmettert, feiert Berlin Wiedersehen und Wiederhören mit einem unvergessenen Leinwandidol.

In der Revue »Wie wär's mit einem Schwedenpunsch?« führt Gottfried Herrmann, von Krankheit bereits schwer gezeichnet, zum letzten Mal Regie. Als sich am Spätabend des 31. Mai 1961 nach dem Gastspiel des Tanz- und Gesangsensembles »Brasiliana« der Vorhang senkt, trifft die Nachricht vom Tode Gottfried Herrmanns ein.

Zu den vielen, die tief erschüttert kondolieren, gehört auch Eduard Duisberg. Sein Traum vom Wiederaufbau der »Scala« hat sich nicht erfüllt. Juristische Zänkereien und das Desinteresse des Westberliner Senats vereitelten das Projekt. Von dem neuen, ungestörten Verhältnis zur gesellschaftlichen Realität, das sich in Gottfried Herrmanns Varieté-Revuen dokumentiert, trennt den einstigen »Scala«-Chef eine ganze Epoche, eine ganze Welt. Der künstlerischen Leistung kann er als erfahrener Fachmann die kollegiale Anerkennung nicht versagen.

Experimente und Erfolge

Im Oktober 1961 tritt Wolfgang E. Struck die Nachfolge Gottfried Herrmanns an – auch er ursprünglich ein Theatermann, obwohl er seine ersten künstlerischen Gehversuche kurioserweise auf einer Varietébühne unternahm: 1939 debütierte der Schauspieler Struck in einer Märchenvorstellung der Berliner »Plaza«. Anfang der fünfziger Jahre arbeitete er beim Berliner Ensemble im Regiestab Bert Brechts. Später verschrieb er sich der heiteren Muse. In der »Distel« inszenierte er Kabarettprogramme, am Metropol-Theater u. a. das Musical »Feuerwerk« und im Fernsehstudio die Schlagersendereihe »Von Melodie zu Melodie«. Als Varieté-Direktor führt er sich mit der Revue »Das hat Berlin schon mal gesehn« ein.

Die Besucher des Friedrichstadt-Palastes erwartet ein ungewohntes Raumbild: Techniker haben das Parkett überdeckt. Die Bühne ist wieder zur Arena erweitert wie einst, als im Haus an der Spree die Zirkusparaden aufzogen und Max Reinhardt seinen Traum vom »Riesenvolkstheater« zu verwirklichen versuchte. Die Rekonstruktion der alten Spielfläche ist nicht zufällig, sie hat dramaturgischen Sinn: In »Das hat Berlin schon mal gesehn« spielt der Friedrichstadt-Palast seine Vergangenheit.

»Von den rund hundert zu behandelnden Jahren gehört ein erklecklicher Teil der ›guten, alten Zeit‹ an. Es wird uns eine Ehre sein, etwas an ihrem Nimbus zu kratzen«, erläutert Wolfgang E. Struck einem Reporter seine Regiekonzeption. Hundert Jahre Haus Am Zirkus 1 – eine Unmenge Stoff für zwei oder drei Revuestunden. Struck und sein Autor Peter Palm verarbeiten ihn zu einem abwechslungs- und personenreichen

*Erste Inszenierung
von Wolfgang E. Struck
»Das hat Berlin schon mal gesehn«*

*Zille-Bild aus dieser Revue
mit Hannelore Fabry
und Horst Kube*

Schaustück in zehn Bildern. Aus der Fülle des Materials treffen sie eine kluge, revuegerechte Auswahl, die die Geschichte des Gebäudes nicht isoliert, sondern das historische Milieu der düsteren Altberliner Hinterhöfe und des mondänen Nachtlebens in der benachbarten Friedrichstraße in die Fabel einbezieht. Die vielfältigen Stilmittel und Möglichkeiten der Revue werden ausgeschöpft, doch sie verselbständigen sich nicht, weil sie einer Leitidee untergeordnet sind: der klaren Parteinahme für und wider.

Mit Berliner Mutterwitz und einer gehörigen Portion Gesellschaftskritik kommentieren der Komiker Peppi Zahl und der populäre Filmschauspieler Horst Kube als Theaterplakatmaler künstlerische Sternstunden und trübe Tage, die im Haus an der Spree einander ablösten. In einer urkomischen Szene, in der ein Tierwärter dem pp Publikum die Menagerie des Zirkus Renz erklärt, macht das Textbuch eine Anleihe bei Altmeister Glaßbrenners Humor und Satire. Mit Ironie wird das Snob-Publikum des Zille-Balls im Großen Schauspielhaus anno 1925 auf die Schippe genommen, und mit Respekt und liebevollem Ernst gedenkt die Revue der berühmten Inszenierungen Max Reinhardts.

Zirkusvorstellungen, Theateraufführungen und Revuen, die einst über Manegensand und Bretter gingen, werden auf sehr verschiedenartige und mitunter originell verfremdete Weise szenisch nachgestaltet. Eine vierjährige Elefantendame verkörpert schwergewichtig die Zeiten, da in dem Gebäude der alte Renz mit der langen Peitsche knallte, und eine graziöse Tänzerin, die als Elfe über die Bühne schwebt, beschwört den Waldzauber der »Sommernachtstraum«-Inszenierung Max Reinhardts herauf. Als derb-drastische Berliner Chansonette mit Herz und Schnauze erweist die Schauspielerin Hannelore Fabry der unvergessenen Claire Waldoff, dem Star der Charell-Revue »An Alle«, ihre Reverenz. Darsteller agieren in Kostüm und Maske der Comedian Harmonists, die sich im Großen Schauspielhaus Popularität ersangen und nun noch einmal mit ihren auf der Schallplatte festgehaltenen Stimmen gegenwärtig sind. Farbige, rhythmisch bewegte Filmprojektionen mit kunstvoll gestalteten Schriftzeichen erinnern an die Namen von Regisseuren und Musikern, Schauspielern und Sängern, Artisten und Tänzern, die die Geschichte des Hauses prägen halfen.

»Wolfgang E. Struck ist ein glutvoller Theatermann mit Varietéblut, der eher an gedanklichem Überfluß als an Mangel an Einfällen leidet. Er verwirrt uns eher durch die verschwenderische Fülle seiner komödiantischen und dabei klugen Absichten, als daß er uns ungenügend versorgt. Man hat das gute Gefühl, daß ihm Kraft und Atem nicht leicht ausgehen«, resümiert das Fachblatt »artistik« nach dem Einstand des neuen Hausherrn im Friedrichstadt-Palast und beschreibt charakteristische Züge seiner Regie: »Klug war auch, wie er allen künstlerischen Mitteln die äußerste Wirkung entlockte, durch Entrees und Beleuchtungseffekte den artistischen Beiträgen zum Beispiel, die oftmals fast organisch mit der Spielhandlung verschmolzen. Wolfgang E. Struck weiß, daß Artisten Menschen sind, die der Ehrgeiz beherrscht, das Unwahrscheinliche zu wagen. Seine Regie betonte auf gesunde Weise das Sensationelle, Ungewöhnliche der

Jonglerie im Zahnhang:
Bert Holt

Duo Rhapsodie aus der VR Ungarn

Leistungen und nahm dabei gern solche Nebeneffekte wie das mehrmalige Schattenbild der Nummern an der Decke oder an der Bühnenwand mit ...«

Der Anfangserfolg, den Struck mit der Revue »Das hat Berlin schon mal gesehn« erntet, wird von dem Anklang übertroffen, den im Frühherbst 1962 »Fantasie in schwarz-weiß« bei Publikum und Presse findet. In der »Weltbühne« berichtet Peter Edel:

»Es ist eine Revue, die vom Gedanken der Völkerfreundschaft und der Überwindung des Rassendünkels getragen wird, in einer Selbstverständlichkeit, die eben keiner besonderen Betonung bedarf. So angenehm berührt auch die in ihrem freundlich-beziehungsreichen Gehalt klar verwirklichte humanitäre Grundidee, das gesamte Programm auf den Zusammenhang von schwarz und weiß zu stimmen und die Harmonie von Hell und Dunkel nicht nur im visuellen, sondern auch im ideellen Sinne bewußt werden zu lassen.«

»Fantasie in schwarz-weiß« verzichtet auf Spielszenen und durchgängige Fabel. Eine Duo-Conférence verknüpft die Darbietungen. Artistische Spitzenleistungen wie die tollen Kopfbalancen und Handvoltigen der 2 Karfi aus Ungarn fesseln die Besucher. Doch sein Gepräge erhält das Programm erst durch Musik und Tanz – von den heißen Rhythmen der bulgarischen Lea-Iwanowa-Combo und Addinsells »Warschauer Konzert«, das vom Palast-Orchester unter der Leitung von Karl Stäcker beigesteuert wird, bis zu den virtuosen und variationsreichen Stepkünsten des Amerikaners Carnell Lyons.

Noch einmal der Rezensent Peter Edel: »Fröhlich-salopp schlenkert der englische Negersänger Jinks Jenkins über die Bühne und erntet besonderen Beifall für seinen sanft verfremdeten, temperamentvollen ›Mack-Knife‹-Song ... Es ist eine Freude zu sehen, wie feinfühlig die Choreographin Madelaine Lebrun die Auftritte des Ballettensembles und seiner Solisten aufeinander abgestimmt hat. Von den mannigfachen Schönheiten der Tanzbilder hinterläßt aber wohl der nobel-prunkvolle Aufzug der Schachfiguren den nachhaltigsten Eindruck: Fantasie in schwarz-weiß, ein Bild, von dem ein besonders faszinierender optischer Reiz ausgeht. Und das gilt für die gesamte ›Revue in zwei Farben‹.«

Zwei Revuen, deren Machart stark differiert. Zwei große Erfolge. Sie belegen: Wolfgang E. Struck hat die lockere Hand und den komödiantischen Elan, den sicheren Blick für ein wirkungsvolles Arrangement und die Freude am witzigen Gag – Eigenschaften, die ein Revueregisseur braucht wie das tägliche Brot. Dennoch fällt es dem Chronisten schwer, über Strucks Tätigkeit ein Urteil zu fällen, das Anspruch auf dauerhafte Gültigkeit erheben könnte. Er ist ein Mann, der im Friedrichstadt-Palast fast regelmäßig auf dem Regiestuhl sitzt, auf dem er bei der Revue »Das hat Berlin schon mal gesehn« zum erstenmal Platz nahm, und der seine Kenntnisse und Erfahrungen dem Nachwuchs vermittelt.

Unter Strucks Fittichen entwickelten sich Detlef-Elken Kruber und Volkmar Neu-

Wolfgang E. Struck mit Regieassistent Werner Schurbaum bei einer Probe

Monika Hauff und Klaus-Dieter Henkler im Gespräch mit Heinrich Martens

Karl Stäcker und Ari Leschnikow, der 1. Tenor der ehemaligen Comedian Harmonists

*Das Palastorchester
mit seinem Leiter Hans Schulze-Bargin*

mann zu Palast-Regisseuren. Aber: Den Publikumserfolg von heute kann – aus welchen Gründen auch immer – schon morgen ein Rückschlag ablösen. Und der Struck-Revue, die wir jetzt als die beste zu rühmen geneigt sind, läuft vielleicht in ein paar Monaten eine bessere den Rang ab.

Nein, Abschließendes, Endgültiges vermag man nicht zu sagen, ohne in die Gefahr zu geraten, voreilig oder ungerecht zu sein. Ziehen wir uns darum aus der publizistischen Klemme, indem wir Wolfgang E. Struck selbst das Wort erteilen. Nach zwölfjähriger Amtszeit zieht er Bilanz:

»1961 übernahm ich es, als vierter Direktor des Friedrichstadt-Palastes – der Berliner würde sagen – eine neue Platte aufzulegen. Vor 52 Pressevertretern sprach ich im Hotel Johannishof über meine Pläne. Es fiel das Wort ›Palastical‹. Mir schwebte eine Verbindung der Worte ›Palast‹ und ›Musical‹ vor.

Doch meine Rechnung ging nicht auf. Am Haupthindernis, an der Akustik des Riesenhauses, scheiterte schließlich das Vorhaben. Trotzdem wurden mit beachtlichem Erfolg die Palasticals ›Die Frau des Jahres‹ mit Vanna Olivieri, ›Hallo, Dr. Watson!‹ und ›Kleiner Mann auf großer Fahrt‹ aufgeführt. Von der Dramaturgie beraten, den Wünschen des Publikums nach rasanten, abwechslungsreichen Programmen folgend, entwickelten wir musikalisch-tänzerische Revuen, in denen artistische Darbietungen, Gesangstitel und Ballettnummern dominieren.«

Nicht nur technische Tücken des Hauses, dessen einstmals wunderbare Akustik die Nazis durch die architektonische Verschandelung der »Tropfsteinhöhle« zerstörten, setzen dem Palastical-Experiment Grenzen. Breit angelegte Fabeln und wortreiche Dialoge gefährdeten mitunter schon in Gottfried Herrmanns Inszenierungen Buntheit und Schmiß der Varieté-Revue. Bei den Palasticals drängt sich die musikalische Komödie in den Vordergrund und droht Artistik und Tanz zu Einlagen zu degradieren, die den Spielfluß hemmen und unterbrechen.

»Es mußte erkannt werden, daß eigentlich die dramaturgisch lockeren Formen ... geeignetere, durchaus sinngebende, sinnerfüllte und sinngefällige Formen sind und modern dazu, wie ein Blick aufs zeitgenössische Theater lehrt«, resümiert der von 1962 bis 1983 amtierende Palast-Chefdramaturg Wolfgang Tilgner.

Die theoretischen Erkenntnisse, die das Leitungskollektiv des Friedrichstadt-Palastes aus den Erfahrungen mit dem Lieblings- und Sorgenkind Palastical schöpft, schlagen sich in der Bühnenpraxis nieder. Aus ernsthaften und hitzigen Debatten um die Konzeption, aus harter, beharrlicher Vorarbeit hinter den Kulissen, aus Probenfleiß und Probenkrach erwachsen Jahr für Jahr beschwingte Revueprogramme – »He, Leute, Musik«, »Wir tanzen in die Welt«, »R – wie Revue«, »Durch die Blume gesagt«, »Eva & Co.«, »flic-flac«, »Das war's«.

Die Jugend drängt nach, auf der Bühne und im Zuschauerraum. Junge Künstler, ausgebildet an Ballettschulen, Gesangsstudios und der Fachschule für Artistik der DDR, tragen mit neuen Tänzen, neuen Liedern, neuen Darbietungen frischen Elan in die Revuen. Junge Besucher finden sich im Jugendklub des Friedrichstadt-Palastes zusammen, lernen hinter den Kulissen die harte Arbeit kennen, die im Varieté geleistet wird, und debattieren in Zuschauerforen lebhaft und erfrischend kritisch mit den Interpreten. Jugend füllt Parkett und Ränge, wenn der Friedrichstadt-Palast zu »Schlagerparaden« einlädt und die Funk- und Fernsehlieblinge Chris Doerk und Frank Schöbel, Dagmar Frederic und Siegfried Uhlenbrock, Monika Hauff und Klaus-Dieter Henkler, Michael Hansen und die Nancies, Roland Neudert und Peter Albert ins Haus an der Spree holt. Kabarettisten wie die temperamentvoll-kesse Ellen Tiedtke, der skurrile Gerd E. Schäfer und der behäbig sächselnde Manfred Uhlig, die ihre Pointen jahrelang erfolgreich auf den Kabarettbrettern der »Distel« und der »Pfeffermühle« setzten oder fallen ließen, bestehen mit Coupletspäßen und Dialogwitzen auch im Riesenraum des Friedrichstadt-Palastes. Die kultivierte Editha Pjecha aus der Sowjetunion, die quicklebendige Ungarin Kati Kovacs und Prags »goldene Stimme« Karel Gott kehren ein und erteilen den Berlinern eine unterhaltsame und vergnügliche musikalische Lektion, wie man in Freundesländern folkloristisch betonte Schlagerchansons und harten Beat, modernen Jazz und betagte Evergreens singt.

Als der Friedrichstadt-Palast am 17. August 1970 seinen 25. Geburtstag stilgerecht mit der Revue »Zur Feier des Tages« begeht, finden sich als mitwirkende Gratulanten nicht nur alte Hasen und junge Talente der heiteren Muse ein. Im »Prominententreff« treten auch die Schauspielerin und Chansoninterpretin Gisela May und der Staatsopernbassist Reiner Süß auf: International anerkannte Künstler des Sprech- und Musiktheaters bezeugen als Gäste auf den Brettern des Weltstadtvarietés ihre Verbundenheit mit der Unterhaltungskunst, mit der Kunst des Leichten, die schwer zu machen ist.

Der Friedrichstadt-Palast hat dafür ganz gewiß kein Patent- oder Geheimrezept, aber in seinen besten Programmen den rechten Stil. Das Publikumsecho beweist es. Nicht nur in Berlin.

7500 Zuschauer applaudieren der Premiere des hundertzwanzigköpfigen Ensembles in der Jahrhunderthalle von Wrocław. 24 ausverkaufte Vorstellungen im Sala Kongressowa und hohes Lob der Presse verbucht der Friedrichstadt-Palast 1965 beim Abstecher nach Warschau. Europas größtes Varieté gewinnt Freunde in Sopot und Katowice, Budapest, Prag und Bukarest. Viermal ist es in Leningrad, sechsmal in Moskau zu Gast.

Im Haus an der Spree kommen und gehen Artisten, Sänger und Humoristen, wie in jedem Varieté der Welt. Zwanzig oder fünfundzwanzig Vorstellungen lang rückt in den Mittelpunkt des Besucherinteresses vielleicht ein schlanker junger Mann, der sich Yonal nennt, aus Frankreich stammt und durch schier unglaubliche bauchrednerische Fertigkeiten verblüfft. Ein andermal ersingt sich eine schöne Helena aus Prag, die mit Nachnamen Vondráčková heißt, mit Charme und viel Talent die Starrolle des Monats. Und ein drittes Mal, wer weiß, stecken Rolf Herricht und Hans-Joachim Preil mit ihren lustigen Wortduellen den Löwenanteil des Beifalls in ihre Taschen.

Nichts gegen Zugnummern, gegen »Lokomotiven«. Aber sie dampfen wieder ab. Kein Wort gegen Stars. Doch sie fliegen als Zugvögel davon. Was bleibt, sind drei feste Säulen, die jedes Programm tragen: Orchester, Ballett und Ausstattung. Von ihnen ist zu reden, wenn man von den Revuen des Friedrichstadt-Palastes spricht.

Ohrenschmaus und Augenweide

Als sich im Puhlmann-Theater, einer längst eingegangenen kleinen Privatbühne in der Schönhauser Allee, am 14. März 1950 nach dem Finale der »Glücklichen Reise« von Eduard Künneke der Vorhang senkt, taucht bei dem Dirigenten Karl Stäcker ein Abgesandter des Friedrichstadt-Palastes auf und bietet ihm die musikalische Leitung des Varietés an. Karl Stäcker kennt das Haus an der Spree gut. Als es noch Charells Großes Schauspielhaus war, in dem das »Weiße Rößl« lief und lief und lief, wurde er – zunächst aushilfsweise – als Korrepetitor engagiert. Er durfte bleiben, stieg zum Chordirektor, schließlich zum 1. Kapellmeister auf und schwang den Taktstock, als in dem Riesenbau (der nun Theater des Volkes hieß) »Der Graf von Luxemburg«, »Saison in Salzburg«, »Hochzeit in Samarkand« und »Frau Luna« gespielt wurden.

Die Chance zur Rückkehr an die vertraute Wirkungsstätte reizt. Karl Stäcker zögert nicht lange. Bereits am nächsten Tag dirigiert er ohne Probe und zum erstenmal in seinem Leben eine Varietévorstellung. Anderthalb Jahrzehnte leitet Karl Stäcker das Orchester des Friedrichstadt-Palastes. Als er in den Ruhestand tritt, übergibt er seinen Nachfolgern, dem Musikalischen Oberleiter Hans Schulze-Bargin und dem Kapellmeister Robert Ebeling, einen Klangkörper, der sich vom Ballettwalzer Tschaikowskis bis zum modernen Jazz in fast allen Stilarten erprobt und bewährt hat.

Ein Sänger, der seine Bühnenlaufbahn im Theater des Volkes begann und später Weltkarriere machte, Rudolf Schock, erinnert sich: »Mein Debüt in dem Großen Haus wurde von einem Mann unterstützt und gefördert, der sich dort als Chordirektor und Musikalischer Leiter große Verdienste in der heiteren Muse erwarb und eine wichtige Säule des Friedrichstadt-Palastes wurde: Karl Stäcker. Ihm verdanke ich viele Ratschläge und Soloproben, die meinen künstlerischen Weg beeinflußten.«

37 Musiker, darunter zwei Damen für Harfe und Oboe, sitzen im Orchesterraum. Nur selten, bei den großen Schlagerparaden, erscheinen sie im Rampenlicht. Im Revuealltag erfüllen sie unauffällig und wandlungsfähig eine dienende Funktion. Ihre Leistung als Programmbegleiter wird als selbstverständlich empfunden und kaum beachtet. Daß Tempowechsel oder Crescendo, Tusch oder Trommelwirbel den Effekt artistischer Tricks nicht schlechthin untermalen, sondern steigern, kommt dem Besucher nicht zum Bewußtsein. Und gewiß ahnt kein Laie etwas vom nervenzerschleißenden Zeitdruck musikalischer Proben in einem Großvarieté, dessen international gefragte, stets ausgebuchte Artisten erst wenige Tage oder Stunden vor der Premiere anreisen – mit einer ausgefallenen Begleitmusik und vielen Sonderwünschen an den Kapellmeister im Gepäck.

*Korrekturprobe mit dem
Choreographen Bedrich Füssegger
und der Ballettmeisterin Carla Henze*

*Tom Schilling als
Choreograph im Friedrichstadt-Palast*

Vierzig bis fünfzig Titel erklingen in jeder Vorstellung. Direktor Struck hat einmal ausgerechnet, daß im Friedrichstadt-Palast unter seiner Leitung in zwölf Jahren 30 000 Minuten lang musiziert worden ist. Einige tausend Minuten kann man getrost gastierenden Ensembles und Kapellen gutschreiben. Die stattliche Restsumme verrät, welches immense Arbeitspensum das Hausorchester zu bewältigen hat.

Müssen Zahlen langweilig sein? An etwa 200 Abenden im Jahr wirbeln die vierzig Damen und Herren des Balletts jeweils zwischen dreißig und vierzig Minuten über die Bühne, nach fast täglichem Training und Probe am Vormittag. Statistiker haben auf die Uhr geschaut und festgestellt, daß an Musiktheatern zwei Minuten Tanz in durchschnittlich sechs Stunden einstudiert werden. Das vielbeschäftigte Palast-Ballett lernt rascher: Nach neunzig Minuten muß jeder Schritt, muß jede Drehung »sitzen«.

Wenig Kunst und viele Blößen – diese im Amüsierbetrieb der zwanziger Jahre geprägte Vorstellung vom Revuetanz wird im Haus an der Spree gründlich über den Haufen geworfen. Die schlanken und hochgewachsenen jungen Damen kommen gewiß nicht als prüde vermummte Aschenputtel einher. Auf den erfreulichen Anblick wohlgeformter Beine im Netztrikot braucht kein Zuschauer zu verzichten, und an textilen Hüllen wird mitunter kräftig gespart.

Aber: In den knappen Kostümen stecken gut geschulte, vielseitige Tänzerinnen. Die hübschen Beine werden nicht nur in den Battements der traditionellen Girlparade seitwärts geschwenkt und in die Höhe geworfen. Sie schweben auch im klassischen Pas de deux über die Bretter und stampfen den harten Rhythmus des Beat; sie meistern die komplizierten Schrittkombinationen und Sprünge ungarischer oder russischer Folklore, werden im parodierten Charleston verrenkt und geschlenkert und beim rauschenden, turbulenten Cancan zum Spagat gespreizt.

Kein Programm ohne Tanz. Als Farbtupfer der Varietépalette erschien das Hausballett schon in der Eröffnungsvorstellung auf der Bühne, die noch eine kleine Behelfsbühne war. Seither hat es sich eine zentrale Position ertanzt. Aus dem schmückenden Beiwerk ist das tragende Element zahlreicher Revuen geworden.

Choreographen mit ausgeprägten »Handschriften« haben die Gruppe vor stilistischer Eingleisigkeit und künstlerischer Stagnation bewahrt. Aus reichen Erfahrungen als ehemaliger Solotänzer der Berliner Staatsoper, als Choreograph im alten Metropol-Theater in der Behrenstraße, in der Scala und am Theater des Volkes konnte auch Jens Keith schöpfen, der zwischen 1946 und 1958 effektvolle Varietétänze schuf. Originelle Einfälle brachte seit 1961 der Choreograph des Prager Karlin-Operettentheaters, Bedřich Füsseger, von der Moldau an die Spree mit. Walter Schumann, Solist und Choreograph beim Fernsehen der DDR, tanzte jahrelang solistisch im Palast-Ballett, zu dem er dann häufig als Choreograph zurückkehrt. Und der solistische Abstecher zum Friedrichstadt-Palast in den Jahren 1951 bis 1953 kommt dem Chefchoreographen der Komischen Oper, Tom Schilling, heute zugute, wenn er gastweise zur heiteren Muse zurückfindet.

Wolf Leder und der Meister der Dekorateure, Manfred Maaß

Bühnenbild von Wolf Leder zu »Eva & Co.«

Im Jahre 1965 wird Gisela Walther Chefin des Ballettensembles. Palucca-Schülerin in Dresden, Gruppentänzerin an der Staatsoper Unter den Linden, Solistin in Karl-Marx-Stadt, Ballettmeisterin in Leipzig – das sind die Stationen ihres Berufsweges, einer ganz normalen und gradlinigen Theaterlaufbahn. Dennoch: »Revue möchte ich machen, so richtig, ganz groß«, denkt Gisela Walther, als sie das Ballett des Leipziger Arbeitervarietés aufbaut und für die Arbeiterfestspiele medaillenreif trainiert. Am Friedrichstadt-Palast erfüllt sich ihr Wunsch, und vom Showtanz bis zum Jazzexperiment erfüllt Gisela Walther den Wunsch des Publikums nach Schwung und Schönheit der Revue.

Daß ihre Damen auch mit wenig Stoff und viel Federputz gut angezogen sind und jeder Ballettauftritt im rechten dekorativen Rahmen bleibt, darf sich Wolf Leder als Verdienst anrechnen. Treppen und Tanzkostüme, Prospekte und Podeste paßt der einstige Kunststudent seit 1936 der heiteren Muse nach Bühnenmaß an. Vor seinen Dekorationen stritten und versöhnten sich so manch singende Liebespärchen im alten Metropol-Theater an der Behrenstraße und im Admiralspalast. In seinen Aufbauten spielte die »Scala etwas verrückt«, tanzten im Wintergarten die Tiller- und Hiller-Girls, und in der Plaza stieg anno 1941 in Leders Bildern »Frau Venus auf Erden« nieder.

Nach dem Krieg entwarf Wolf Leder Bühnenbilder und Kostüme für Spieloper, Operette und Schauspiel. Im Corso-Theater stattete er die Uraufführung von »Chanel Nr. 5« aus, im Theater des Westens u. a. die Inszenierungen »Land des Lächelns«, »Frau Luna«, »Die Zirkusprinzessin« und »Im Weißen Rößl«.

In einem farbenfrohen Phantasie-Italien, das Wolf Leder auf die Bretter zauberte, wurde in der Volksbühne am Luxemburgplatz Shakespeares widerspenstiges Käthchen gezähmt, und im neuen Metropol-Theater, dem ehemaligen Admiralspalast, stattete er Wolfgang E. Strucks Inszenierungen »Die Fledermaus«, »Frau Luna« und »Feuerwerk« aus. In diesen Operetten trat auch der Sänger Karl-Heinz Stracke auf, der von 1964 bis 1972 als Direktor des Theaters des Westens für seine Inszenierungen Wolf Leder und den Choreographen Bedřich Füssegger als ständige Gäste engagierte.

Doch mehr als Operette und klassisches Lustspiel zog Wolf Leder das moderne Großvarieté an. Wie viele Programme er seit 1951 ausgestattet hat, vermag im Haus an der Spree kaum jemand zu sagen, vermutlich nicht mal er selbst. Höhepunkte seiner Revue-Ausstattungen waren »Kinder, wie die Zeit vergeht«, »Triumph einer Melodie«, »Ein Ball rollt um die Welt«, »Das hat Berlin schon mal gesehn«, »Eva & Co.« und »flic-flac«. Seine Dekorationen sind so großzügig, wie es die Dimensionen des Friedrichstadt-Palastes erfordern, und seine Kostüme geben der Revue den Glanz, der ihr gebührt. Aber nie gerät Wolf Leder die Ausstattung zum pompösen Selbstzweck. Der Akteur wird nicht erstickt und nicht zum lebenden Farbklecks abgewertet. In Wolf Leders bunter und prächtiger Welt kann (und soll) er sich frei entfalten.

Freilich, was nützen die besten Ideen eines Ausstattungschefs, wenn Techniker des

Figurinen von Wolf Leder

*Werkstätten
mit Obermeister Karl Siefert*

*In der Maskenbildnerei, links
Chefmaskenbildnerin Anni Weiß*

In der Damenschneiderei

Bassin in der Revue ›Strandkorb Nr. 13‹

Friedrichstadt-Palastes sie nicht verwirklichen. Mancher von ihnen ist ein uralter »Palast«-Hase, dem Hause seit vielen Spielzeiten verbunden und mit jedem Winkel des Gebäudes vertraut. Den Rekord an Dienstjahren hält Theatermeister Karl Rosenbaum, der 1954 in den Ruhestand tritt: Als Arbeiter war er schon dabei, als der Zirkus Schumann 1918/19 zum Großen Schauspielhaus umgebaut wurde. (Zu denen, die damals nach Poelzigs Plänen die Riesenbühne einrichteten, gehört übrigens auch Karl Ruppert, langjähriger Theatermeister an den Reinhardt-Bühnen. Nach 1945 fungiert er zwei Straßenecken weiter, im Deutschen Theater, als Technischer Direktor.) Werner Miltzow, ein gelernter Möbeltischler, der in den Pionierzeiten des Palast-Varietés noch Bretter für die Notbühne hobelte und unterdessen längst die Meisterbriefe für Bühnen- und Beleuchtungstechnik in der Tasche hat, führte, bis er 1983 in den Ruhestand trat, die kompaniestarke Schar an. In hauseigenen, 1951 eingerichteten Werkstätten stellen Handwerker die Dekorationen her. Künstlerisch und individuell rücken in den Jahren 1949 bis 1970 Beleuchtungsobermeister Emil Schönenberger mit seinen Helfern an Scheinwerferhebeln und Farbschaltern jede Darbietung ins günstigste Licht. 23 Meter über dem Bühnenboden waltet der höchste Mann des Friedrichstadt-Palastes, der Schnürbodenmeister seines Amtes und blickt auf die flinken Arbeiter hinunter, die während der knapp bemessenen Umbaupause die Bühne aus einer Hafenspelunke in den Montmartre verwandeln.

Als im Jahre 1960 die Revue »Strandkorb Nummer 13« aus der Taufe gehoben wird, wagen sich Werner Miltzows Mannen zum ersten, doch nicht zum letzten Mal ins nasse Element. 260 Parkettplätze müssen einem Bassin von neun mal elf Metern weichen, in dem Schiffsmodelle kreuzen und Badeengel anmutige Reigen schwimmen.

70 000 Liter Wasser im Zuschauerraum. Die Technik macht möglich, was Regisseur und Ausstattungsleiter erträumen.

Gestern, heute, morgen

»Gastspiel der Music-Hall Leningrad« oder »Konzert mit Chris Barber« verkünden die Plakate. Das Großvarieté der Millionenstadt lebt nicht nur von seinen Revuen. Ausländische Gruppen und internationale Stars kehren ein. Häufig führt sie nur eine Stippvisite von ein oder zwei Tagen ins Haus an der Spree; doch mitunter, wenn Musiker, Tänzer und Artisten des Friedrichstadt-Palastes zu einer Tournee über die Grenzen aufbrechen, bestreiten Ensembles aus Moskau oder Bukarest auch mehrere Wochen lang das Programm. Berlin erfährt, wie man anderswo die heitere Muse pflegt.

Wer zählt die Gäste, nennt die Namen? Die Prager Laterna magica fasziniert durch ihre Experimente, die moderne Revue mit Effekten und Tricks der Filmtechnik anzureichern. Eine Truppe von der Westküste Schwarzafrikas zeigt zum dumpfen Klang der Trommeln uralte Beschwörungs- und Fruchtbarkeitstänze ihrer Heimat. Für »Paris sur glace« werden Bühne und Parkett in eine Eisfläche verwandelt, auf der sich Akrobaten, Komiker und Balletteusen auf Schlittschuhen tummeln. Schöne kaffee-

braune Mädchen und temperamentsprühende Rumbasänger verpflanzen den ausgelassenen Karneval von Rio in die kühleren Breiten Mitteleuropas, und die virtuosen Tänzerinnen und Tänzer des Moissejew-Ensembles vereinen die Vitalität russischer Folklore mit der strengen Schule des klassischen Exercice. Die Unterhaltungskunst der Welt offenbart ihre bunte Vielfalt.

Der Brauch, anderen Musen und fremden Genres Gastrecht zu gewähren, hat im Haus an der Spree Tradition. Um Jahrzehnte zurück reichen die Anfänge. Der Leser entsinnt sich: Als im heutigen Parkett noch Vollbluthengste des Zirkus Schumann trabten, zog Max Reinhardt mit den Tragöden des Deutschen Theaters gastweise in die Manege. Unsere Zeit beschert eine Umkehrung: Im November 1956, als die Arena längst Sesselreihen gewichen ist, weht im Gebäude plötzlich wieder Zirkusluft. Valentin Filatows Braunbären produzieren sich als Rollschuhläufer, Boxer und Radfahrer, und auf dem Schlappseil schaukelt Oleg Popow, der pfiffige Lausbub mit der karierten Mütze über dem blonden Schopf, ein weltberühmter, genialer Clown und ein großartiger Artist dazu. Vergangenheit und Gegenwart verknüpfen sich: Der Moskauer Staatszirkus, Filatows und Popows zirzensische Heimat, entstand nach der Oktoberrevolution aus dem Privatunternehmen jenes Direktors Salamonsky, der das Haus an der Spree einst von der Markthalle zum Zirkus umfunktionierte...

Und noch einmal sowjetische Gäste im Friedrichstadt-Palast, Künstler, die auf der Spitze und in ihrem Fach an der Spitze stehen. Wo sonst die flotte Girlparade des Varietés aufzieht, präsentieren Solisten und Corps de ballet des Bolschoi-Theaters Moskau und des Kirow-Theaters Leningrad klassischen Tanz in höchster Perfektion. Unendlich zart schwebt und flattert Galina Ulanowa, Primaballerina assoluta der Epoche, über die Bühne, unendlich rührend, mit einer Bewegung von sanfter Grazie und lyrischer Schwermut, gleitet sie zu Boden, und ihre Arme, ihre Hände, ihre Fingerspitzen malen vibrierend die letzten todmüden Flügelschläge des »Sterbenden Schwans« in die Luft.

Die Gastspielbilder wechseln. Neue Namen, andere Genres tauchen auf. In Erik Charells Großes Schauspielhaus brachte Paul Whitemans Orchester aus Übersee rhythmisch effektvolle, geschickt arrangierte Melodien mit, die die Bürger Mitteleuropas irrtümlich für Jazz hielten. Jahrzehnte nach dem falschen »King of Jazz« spielen und singen im Friedrichstadt-Palast wirkliche, wenn auch ungekrönte Könige der afroamerikanischen Musik. Louis Armstrong entlockt seiner Trompete strahlende und seiner Kehle rauhe Töne, und Ella Fitzgerald, die schwergewichtige »First Lady of Jazz«, reißt zu mitternächtlicher Stunde mit schier übersprudelndem Temperament und modulationsfähiger Stimme bei »How high the moon« und »A tisket a tasket« die Fans zu Beifallsstürmen hin – und fast von den Sitzen.

Vital improvisiertes »Scat-singing« wird abgelöst von ausgefeilter Vortragskunst. Nach den harten Jazzsynkopen aus New Orleans Musette aus Paris: Im hochgeschlossenen und fußlangen hautengen schwarzen Kleid tritt Juliette Gréco apart und damen-

»Ballett africana«

*Valentin Filatow
mit seinem Bärenzirkus*

*Oleg Popow 1956
im Friedrichstadt-Palast*

Der Bauchredner Fred Roby aus der Schweiz

Ella Fitzgerald 1967

haft ins Rampenlicht und beschwört in zärtlichen und witzigen, melancholischen und aggressiven Chansons den Dunstkreis der Bistros im Quartier Latin herauf. Gilbert Bécaud, genannt »Monsieur 100 000 Volt«, singt in bravourösem Nonstop-Programm, was das heisere Organ hergibt – elegische, ironische und freche Verse. Mireille Matthieu, der 1,53 Meter kleine »Spatz von Avignon«, flattert als Zugvogel des internationalen Showgeschäfts ins Haus. Und im November 1968 kommt aus Frankreich eine Frau, die Revuegeschichte gemacht hat: Josephine Baker.

Als dunkle Venus, nur mit einem Bananengürtel bekleidet, tanzte die junge Negerin aus den Slums von St. Louis im Jahre 1925 zum erstenmal im Pariser »Théâtre des Champs-Elysées«. Die geschmeidige Anmut ihrer Bewegungen erregte Aufsehen. Zwei Jahre später erhielt sie 40 000 Liebesbriefe und 2000 Heiratsanträge. In den Folies Bergères und im Casino de Paris lieh Josephine Baker der im Zeremoniell pomphafter Aufzüge erstarrenden Revue des bourgeoisen Amüsierbetriebes das Ebenmaß ihres Körpers und die Frische ihres Talents. Tourneen führten sie durch 25 Länder. Der Dichter Jean Cocteau rühmte sie als »Idol von Bronze, gebräuntem Stahl, Ironie und Gold«.

1956 nahm sie Abschied von der Bühne. Aber sie kehrte zurück, weil sie Geld brauchte – nicht für sich, sondern für ihre »Regenbogenkinder«, Waisen verschiedener Nationalität und Hautfarbe, denen sie auf Schloß Milandes in Frankreich eine Heimstatt geschaffen hatte.

Vier Jahrzehnte liegen zwischen ihrem ersten Berliner Gastspiel im »Theater des Westens« und dem Auftritt im Friedrichstadt-Palast. Sie umgürtet die fülliger gewordene Taille nicht mehr mit dem winzigen, kessen Kostüm von einst, sondern hüllt sich in große Roben mit Schwanenpelz und Boafederschmuck. Die Baker verbirgt nicht, daß sie ein Altstar geworden, und das Publikum entdeckt, daß sie quicklebendig geblieben ist. Der Rhythmus steckt ihr im Blut, wenn sie zur heißen Rumba die Glieder schüttelt, und ihre Schritte, ihre Gesten schwingen tänzerisch aus, wenn sie Jazzsongs ihrer amerikanischen Heimat und Chansons ihrer französischen Wahlheimat intoniert.

Die große Revue der zwanziger Jahre ist längst Historie, an der Seine und an der Spree. Auf der Bühne des Friedrichstadt-Palastes, der sich in seiner veränderten gesellschaftlichen Umwelt der Revue unserer Zeit verschrieben hat, wird sie durch Josephine Baker noch einmal, vielleicht zum letztenmal, lebendig.

Die Vergangenheit ragt in die Gegenwart. Talentproben, Entwicklungen, Karrieren weisen in die Zukunft. Nachwuchsartisten und blutjunge Schlagersänger, gestern Studenten, heute noch fast unbekannt, debütieren erfolgreich im Friedrichstadt-Palast. Werden sie morgen die berühmten Zugnummern sein, um die sich eine ganze Revue mit ein paar Dutzend Mitwirkenden dreht?

Der Name eines neuen Regisseurs erscheint auf den Programmzetteln. Ein junger Mann, ehemals Redakteur und Lektor, danach Assistent bei Wolfgang E. Struck, zeigt

*Gastspiel
von Josephine Baker 1968*

Peter Erdmann, Solotänzer, Ballettmeister und Choreograph

Ballettdirektorin und Choreographin Gisela Walther und Regisseur Detlef-Elken Kruber

in vier, fünf Inszenierungen – so in »Mini – Midi – Maxi«, »Wir tanzen in die Welt«, »Expo 73« und »Ein Jahr in Musik« – solides handwerkliches Können und eine eigene Handschrift. Man merkt sich den Namen: Detlef-Elken Kruber.

Peter Erdmann, tanzender Soldat im Erich-Weinert-Ensemble, stößt zur Ballettgruppe, steigt rasch zum Solisten auf, beeindruckt durch die leichte Eleganz und die saubere Technik seiner Sprünge und stellt sich eines Tages, in der Revue »Durch die Blume gesagt«, als Choreograph vor. Mit »Eva & Co.« zeigt der junge Ballettmeister und Choreograph seine Diplomarbeit zum Abschluß des Studiums an der Fachschule für Tanz in Leipzig. In der Revue »flic flac« nutzt er alle Möglichkeiten des Revuetanzes und läßt dabei Ironie und Selbstironie spüren. Um moderne Adaptionen folkloristischer Themen ging es ihm dagegen in der Revue »Ohne Netz und doppelten Boden«. Ein fleißiger Künstler, ein vielseitiges Talent. Seit 1977 arbeitet Peter Erdmann freischaffend als Ballettmeister und Choreograph. Besonderes Einfühlungsvermögen zeigte er in der Choreographie des siebenteiligen Varieté-Films des Fernsehens der DDR »Bühne frei«. Schöpferisch ist Peter Erdmann auch als Vorsitzender der Sektion Tanz des Komitees für Unterhaltungskunst tätig.

Gestern, heute, morgen im Haus an der Spree. Über hundert Jahre bereits steht der Riesenbau mit dem markanten Giebel, und in jedem Winkel des Gebäudes steckt ein Stück Geschichte. In der Künstlerkantine, wo sich am dritten Tisch rechts ein italienischer Akrobat und ein deutscher Humorist mit wenigen Sprachbrocken und vielen Gesten gut verstehen, lagerten einst vielleicht Kisten mit Obst und Gemüse. Ein Stockwerk höher, in dem kleinen Büro, in dem der Produktionsleiter Heinrich Martens zwölf Jahre lang – von 1964 bis 1976 – über Vorstellungs- und Engagementsplänen brütete, schwammen fette Spiegelkarpfen träge durchs Bassin, und ein Fischweib versuchte mit Stimmkraft und Mutterwitz Kunden anzulocken. Nach seinem zwanzigjährigen Palast-Jubiläum ging Heinrich Martens 1985 in den Ruhestand, bis dahin leitete er das Zentrale Archiv des Friedrichstadt-Palastes. Und wo schlanke junge Damen in knappe Girlkostüme schlüpfen, wieherten die Rosse des Renzschen Marstalls.

Hier, an dieser Logenbrüstung, lehnte Alexander Moissi, als er Hamlets Monolog sprach. Da, am Seiteneingang zum Parkett, jagte der erboste alte Renz den Clown Tom Belling in die Manege. Dort, in der Mitte der sechsten Sesselreihe, zügelte Albert Schumann sein Schulpferd zur Levade.

Wo Golo, der schuftige Seeräuber der Zirkuspantomime, illegalen Handel mit schönen, unschuldigen Mädchen trieb und Werner Krauß als verstoßener König Lear über die Heide taumelte, wo Max Hansen im »Weißen Rößl« am Wolfgangsee kellnerte und Charlie Rivel »Akrobat schö-ö-ön« krähte, gähnte 1945 ein Bombenkrater. Über die erneuerten Bretter wirbelt nun im bunten Wechsel von Artistik, Gesang und Tanz die moderne Revue.

Die Pfähle, die einst beim Bau des Hauses an der Spree in die Erde gerammt wurden, stecken noch immer im sumpfigen Boden zwischen Karlstraße und Schiffbauer-

Das Haus an der Spree

damm. Funktion und Name des Gebäudes haben sich geändert. Die Markthalle wandelte sich zum Musentempel. Aus dem Spekulationsobjekt einer Immobilienfirma wurde in der sozialistischen Gesellschaftsordnung das größte Varieté Europas.

Im Sommer 1945 sorgte der sowjetische Kulturoffizier Oberst Georgi T. Rogaljow dafür, daß sich im verödeten, halbzerstörten Haus an der Spree wieder künstlerisches Leben regte. An einem Herbstabend des Jahres 1973 sitzt er als Gast in einer Vorstellung des Friedrichstadt-Palastes. Er war einer der Geburtshelfer dieses Varietés; er hat die ersten Gehversuche der heiteren Muse im befreiten Berlin aufmerksam beobachtet und energisch unterstützt. Georgi T. Rogaljow denkt an die Sorgen und Mühen des Anfangs, und er weiß: Die Anstrengungen haben sich gelohnt.

»Das Kind hat großartig laufen gelernt«, sagt er. »Das Kind ist erwachsen geworden.«

Ade, du altes Haus

Am 29. Februar 1980 meldet die Nachrichtenagentur ADN: »Im Friedrichstadt-Palast können ab 1. März 1980 keine Vorstellungen mehr stattfinden. Der Magistrat von Berlin hat im Interesse der öffentlichen Sicherheit eine entsprechende Festlegung getroffen. Die ständige Überwachung des Palastes durch die Staatliche Bauaufsicht sowie spezielle Untersuchungen haben ergeben, daß sich die Gründungskonstruktion ständig verschlechtert...«

Die 863 Pfähle, die der Geheime Oberbaurat Hitzig und der Baumeister Lent zwischen 1865 und 1867 beim Bau der ersten Markthalle Berlins in den sumpfigen Boden an der Spree rammen ließen, haben auf Dauer nicht zu halten vermocht, was sich die Projektanten von ihnen versprachen. Rascher als vermutet, nagt der Zahn der Zeit an der kühnen Gründungskonstruktion, mit der die Bautechniker und Statiker des 19. Jahrhunderts die Ungunst des feuchten, schwammigen Geländes zu überwinden hofften: Der Pfahlrost, auf dem der schwere Riesenbau ruht, beginnt in bedenklicher Weise an Festigkeit zu verlieren. So ist es eine nur scheinbar ganz normale, doch in Wahrheit ganz besondere Vorstellung der Revue »Seekiste«, die am 29. Februar 1980 über die Bretter geht. Zum letzten Mal rauscht an diesem Abend der Beifall im weiten Rund des Zuschauerraums auf, zum letzten Mal tauchen die Scheinwerfer die große, breite Bühne in gleißendes Licht, flirren Lichtkegel im Takt beschwingter Musik um das Ballett, verneigen sich Sänger und Artisten. Und zum letzten Mal knistert jene Atmosphäre der Weite und zugleich der Intimität, die den Friedrichstadt-Palast so unverwechselbar gemacht hat.

Zum Schluß dieser Abschiedsvorstellung versammelt sich das gesamte Ensemble auf der Bühne, und die Zuschauer erheben sich von den Plätzen. Noch einmal schwillt der Applaus an. Es gibt Blumen, viele Blumen, und mehr oder minder verstohlen fließen Tränen, als das Orchester »Muß i denn zum Städtele hinaus« und die »Berliner Luft« intoniert. Dann schließt sich langsam der eiserne Vorhang.

Nach der letzten Vorstellung:
Abschied vom alten Haus

Das Ende, aus bautechnischen Gründen unumgänglich, mag ein bißchen wehmütig stimmen: Unter ein bewegtes Kapitel der Berliner Zirkus-, Varieté- und Theatergeschichte, das sich mit diesem Gebäude verbindet, ist der Schlußstrich gezogen. Doch für den Friedrichstadt-Palast birgt der Abschied vom alten Haus an der Spree einen neuen Anfang in sich.

Das Ensemble bleibt zusammen und nutzt das Bühnenhaus seiner geschlossenen Spielstätte zunächst als Probebühne samt Magazinen und Verwaltungsräumen weiter; es geht auf Tournee im In- und Ausland, und in Berlin gewähren ihm verschiedene Bühnen Gastrecht.

Clown Ferdinand, der Liebling der Kinder, zieht vorläufig ins Theater der Freundschaft um. Im Palast der Republik inszeniert Wolfgang E. Struck 1981 anläßlich seines zwanzigjährigen Jubiläums als Direktor die Revue »Berlin – täglich neu«. Eine zeitweilige künstlerische Heimat finden Orchester, Ballett und Solisten auch in Sichtweite von ihrem alten Domizil, im Metropoltheater am jenseitigen Ufer der Spree. In den zwanziger Jahren, als das Metropoltheater noch Admiralspalast und der Friedrichstadt-Palast noch Großes Schauspielhaus hießen, lieferten sich die beiden Bühnen heftige Konkurrenzkämpfe um Publikumsgunst und Kasseneinnahmen. In der Saison 1982 warten sie auf den Brettern des Metropol mit einer Co-Produktion der Revueoperette »Im Weißen Rößl« auf, die über ein halbes Jahrhundert zuvor im Haus Am Zirkus 1 ihren triumphalen Siegeszug durch die Welt begann. 1982 macht das Palast-Ensemble schließlich auch einen Abstecher, der als ungewöhnlich, ja, einmalig in die Berliner Theaterannalen eingehen dürfte. Ein Musentempel, in dem sonst Mozart oder Wagner, Beethoven oder Weber die Szene beherrschen, öffnet der Revue seine Pforten: In der Deutschen Staatsoper Berlin moderiert Willi Schwabe das Palast-Gastspiel »Untern Linden, Untern Linden«.

Dennoch, die Gastspiele sind nur ein Interim. Kurz vor der Straßenkreuzung Oranienburger Tor, deren Name heute an das von Gontard 1788 erbaute Tor erinnert, das dort knappe hundert Jahre stand, und nur wenige Schritte vom alten Haus an der Spree entfernt, wächst an der Friedrichstraße 107, zwischen Ziegel- und Johannisstraße, in monolithischer Stahlbetonkonstruktion ein Bau von 108 Meter Länge und 80 Meter Breite. Die Höhe beträgt 18 Meter beim Foyer, 20 Meter beim Saal und 32 Meter beim Bühnenhaus. Auf Beschluß des Zentralkomitees der SED und des Ministerrates der DDR erhält der Friedrichstadt-Palast eine neue Heimstatt.

Auf alten Karten der brandenburgisch-preußischen Residenz ist der Standort des Revuetheaters als Friedhof verzeichnet. 1764 errichtete Johannes Boumann, königlicher Oberbaudirektor niederländischer Herkunft, der in Potsdam auch die »Holländische Kolonie« und in Berlin das Palais des Prinzen Heinrich (das spätere Universitätsgebäude) entwarf, auf dem Gelände einen schmucklosen militärischen Zweckbau – die Kaserne des 2. Garderegiments zu Fuß. Als die Gardegrenadiere schließlich auszogen, zog der Fiskus ein: Die ehemalige Kaserne wurde in ein Finanzamt umgewandelt.

Im Bombenhagel sank sie 1944 in Schutt und Asche, ebenso wie das in der Nähe befindliche Haus der Technik, das mit einer 50 Meter hohen Kuppel ursprünglich als Kaufhaus Wertheim 1908 von dem Architekten Ahrens erbaut worden war, und das Hotel Atlas, Friedrichstraße 105, von dessen Existenz noch heute die Fensterwölbungen der ehemaligen Weinstuben in der Spreeufer-Mauer an der Weidendammer Brücke Zeugnis ablegen.

Auf der von Trümmern geräumten Kasernen-Fläche siedelte sich 1949 der Zirkus Barlay an, ein mittelgroßes Unternehmen, das später im Staatszirkus der DDR aufgehen sollte.

Im Holzbau des Zirkus Barlay trat 1954 das Ensemble des Friedrichstadt-Palastes erstmals außerhalb seines Hauses auf, während im Haus Am Zirkus 1 das Ballett des Bolschoi-Theaters Moskau und des Kirow-Theaters Leningrad gastierten. »Varieté im Zirkus Barlay« war gleichzeitig Nicola Lupos letztes Programm. Mit dem Humoristen Willy Rentmeister, dem Magier Bialla, den Metropol-Vokalisten, dem Palast-Ballett mit den Solisten Charlotte Müller-Steinert, Helga Nowicki, Heiner Kuhnt und in der Choreographie von Christiane Richter und der Orchester-Parade unter der Leitung von Karl Stäcker erhielt es viel Beifall.

Nach dem 1963 erfolgten Abriß des eher provisorischen, nicht eben repräsentativen Zirkusbaus diente das Areal an der Friedrichstraße 107 jahrelang als Parkplatz.

Jetzt entstand dort, mit Haupteingang und Foyer an der Friedrichstraße, das künftige Domizil des Berliner Varieté- und Revuetheaters. Vorgehängte Betonbauteile, Wandreliefs und farbige Glaselemente lockern die Fassade des wuchtigen Gebäudes auf. Neben einem Großen Saal mit 1889 Plätzen verfügt der neue Friedrichstadt-Palast auch über eine Kleine Revue für 240 Besucher. Eine Bühnenbreite von 24 Metern, eine Portalhöhe von 10 Metern, eine Drehscheibe von 18 Meter Durchmesser auf der Hauptbühne und eine versenkbare Plattform von 12 Meter Durchmesser im Vorbühnenbereich, die sich nach Wunsch und Bedarf in eine Manege, eine Eisfläche oder ein Wasserbassin verwandeln läßt, dazu eine moderne Beleuchtungsanlage mit über 1000 Scheinwerfern, eine hochwertige tontechnische Anlage und eine komplette Kinotechnik eröffnen Regisseuren und Ausstattern vielfältige Möglichkeiten. Großzügige, weiträumige Probenräume für das Ballett und für das Orchester, gut eingerichtete Werkstätten für den Dekorationsbau und für die Kostümherstellung sowie vorbildliche Künstlergarderoben bieten die besten Voraussetzungen für interessante Inszenierungen. Im Rund des säulenlosen Zuschauerraumes ist es gelungen, die Atmosphäre sowohl der Weite wie der Intimität einzufangen. Einladend wirken die geschmackvoll ausgestatteten Foyers; gläserne Lampen und ein gewaltiger Kronleuchter erinnern an die Stalaktiten ähnlichen Zapfen von Hans Poelzig im Großen Schauspielhaus.

Am 26. Juni 1981, sechs Monate nach Beginn der Schachtarbeiten, fand die feierliche Grundsteinlegung für den neuen Friedrichstadt-Palast statt, bei der Direktor Wolfgang E. Struck die traditionellen drei Hammerschläge vollzog. In das Fundament wurde eine Gründungskassette eingelassen, die eine Urkunde, Zeitungen, Münzen, Plakate, Programmhefte, ein Mini-Ballettkostüm und ein Exemplar des Buches »Das hat Berlin schon mal gesehn« enthält.

Zwei Jahre später wurde mit Berliner Melodien und einer Ansprache des Generaldirektors der Aufbauleitung Sondervorhaben Berlin, Prof. Dr. Ing. Ehrhardt Gißke, das Richtfest gefeiert.

Nach vierjähriger Bauzeit öffnete sich am 27. April 1984 im neuen Friedrichstadt-Palast der Vorhang für die Eröffnungs-Gala-Vorstellung mit der glanzvollen Varieté- und Ausstattungs-Revue »Premiere: Friedrichstraße 107«.

Ein herzliches Willkommen galt dem Generalsekretär des ZK der SED und Vorsitzenden des Staatsrates der DDR, Erich Honecker, sowie weiteren Mitgliedern der Partei- und Staatsführung. Zur Begrüßung überreichte im Namen des Ensembles und aller Mitarbeiter des Hauses die Leiterin der Theaterkasse, Gerda Isensee, die als Dienstälteste seit 39 Jahren im Palast arbeitet, dem hohen Gast das Buch »Das hat Berlin schon mal gesehn«.

Mit der Eröffnungs-Inszenierung setzte der Friedrichstadt-Palast einen weiteren Höhepunkt in seinem künstlerischen Schaffen. Die Regisseure Wolfgang E. Struck und Volkmar Neumann sowie der Chefbühnen- und Kostümbildner Wolf Leder arrangierten eine internationale Revue, in der unter vielen namhaften Künstlern die Sänger Dagmar Frederic, DDR, Tony Christie, England, Karel Gott, ČSSR, Salvatore Adamo, Belgien, die sowjetischen Perche-Artisten Lytschkatyje, der Bauchredner Fred Roby, Schweiz, und die mehrmaligen Welt- und Europameisterinnen im Eiskunstlaufen Gaby Seyfert und Christine Errath aus der DDR als Star-Gäste brillierten. In effektvoller Ausstattung tanzte das auf 60 Mitglieder vergrößerte Ballett, während das Orchester das Spiel für Auge und Ohr klangvoll abrundete.

Einen Tag später, am 28. April 1984, öffnete die Kleine Revue als neue Spielstätte Berlins ihre Pforten. Unter dem Titel »Oh frivol ist mir am Abend« inszenierte Regisseur Detlef-Elken Kruber – in der Ausstattung von Ingrid Böttcher – mit Uta Schorn, Gunter Sonneson als Gast vom Metropol-Theater, den Schweizer Manipulatoren Les Pollux sowie vielen anderen Künstlern eine spritzige und attraktive »Show zur Nacht«, die beim Publikum großen Anklang fand.

Eine neue Heimstatt fand auch die Kleine Bühne »Das Ei« in der Kleinen Revue. Mit einem abwechslungsreichen Repertoire – u. a. »Wir werden die Maus schon fledern« (ein operettenparodistischer Abend), »Lebe, lache gut« (ein Ringelnatz-Abend), »Ich kann weinen, doch ich weine nicht« (ein Georg-Kreisler-Abend), Sternheims »Die Hose« und einem Claire Waldoff-Abend – setzte das kleine Theater seinen spezifischen künstlerischen Weg fort.

Mit der zweiten Inszenierung »Varieté, Varieté« wurden im Großen Saal im Herbst 1984 die Traditionen des artistischen Nummern-Programms vom alten Haus an der Spree übernommen und in eine moderne Szenerie gesetzt. In wirkungsvoller musikalischer Umrahmung wechselten in loser Folge Spitzenleistungen der Artistik mit Spitzenleistungen des Tanzes.

Doch heute ist eine internationale Artisten-Revue ohne die Mitwirkung berühmter Sänger kaum noch denkbar. So spiegelt sich in diesem Programm die Vielfalt der Varieté-Bühne in der Persönlichkeit einer Frau wider, die, aus einer Artistenfamilie stammend, mit sängerischem Können, Charme und Virtuosität ihre Kunst mit sprühendem Leben erfüllt: Caterina Valente.

Im alten Friedrichstadt-Palast gastierte 1949 ihr ehemaliger Mann und Manager, der Jongleur Erik van Aro, dann kam 1957 ihre Mutter, die berühmte Musikalkomödiantin Maria Valente, 1973 folgte ihr Bruder, der Sänger und Instrumentalist Silvio Francesco, und 1984 kam sie, der Weltstar Caterina Valente, in das glanzvolle neue Haus.

Drei Bühnen stehen nunmehr im Haus an der Friedrichstraße 107 dem Publikum aus nah und fern zur Freude und Entspannung offen.

Nach der Revue »Hereinspaziert« hatte im März 1986 die vierte Inszenierung im Großen Saal ihre Premiere: In Koproduktion mit dem Staatszirkus der DDR wurde ein »Revuezirkus« mit leistungsstarker Artistik, ausgezeichneten Tierdressuren sowie Gesang, Zauberei und Ballett mit sehr großem Erfolg herausgebracht. Im Mai 1987 mit »Hallo Berlin 7-5-0« die Revue des Friedrichstadt-Palastes zum Berlinjubiläum.

Das Haus Am Zirkus 1 hat nach 117 Jahren ausgedient. Um das Gebäude wurde am 5. November 1984 ein Bauzaun errichtet. Als erstes erfolgte die Demontage des Bühnenhauses mit seinem verzweigten, statisch komplizierten Eisen- und Stahl-Skelett. Dann wurde Stück für Stück der alte Friedrichstadt-Palast abgetragen, dabei kamen die stabile und formschöne Konstruktion der früheren Markthalle sowie Stuck- und Bauelemente aus den Zirkusjahren zum Vorschein. Nach über einem Jahr war der Abriß beendet, und auf dem Gelände entstand zunächst ein Lagerplatz für Baumaterialien.

Das Palast-Ensemble hatte in der Nähe sein neues Domizil bezogen. Doch wohin mit dem Stapel Erinnerungen, mit dem großen Paket tausendfältigen Bemühens um die Unterhaltung vieler Generationen? Erfahrungen sind es wert, auf heutige und künftige Brauchbarkeit geprüft zu werden. Ererbte Formen lassen sich mit neuen verbinden. Zirkusluft, Varietézauber, klassische Revue, moderne Show, all das, was die Geschichte des Hauses an der Spree prägte, ist mit umgezogen in die Friedrichstraße 107.

Hier, an der traditionsreichen Straße, deren Baulücken rund um den neuen Friedrichstadt-Palast durch Neubauten im Rahmen der 750-Jahrfeier Berlins – darunter dem einst renommierten Varieté Wintergarten – geschlossen werden, begann eine glanzvolle Fortsetzung der Historie des Palastes – und ein neues Kapitel in der Geschichte der Theaterstadt Berlin.

»Im Weißen Rößl« –
eine Koproduktion des Metropol-Theaters
mit dem Friedrichstadt-Palast

»Untern Linden, Untern Linden«,
Revue des Friedrichstadt-Palasts
in der Deutschen Staatsoper

Brigitte Eisenfeld in der Revue ›Untern Linden, Untern Linden‹

Gastspiel in der Deutschen Staatsoper mit Willi Schwabe

Stadtplan aus dem Jahre 1922

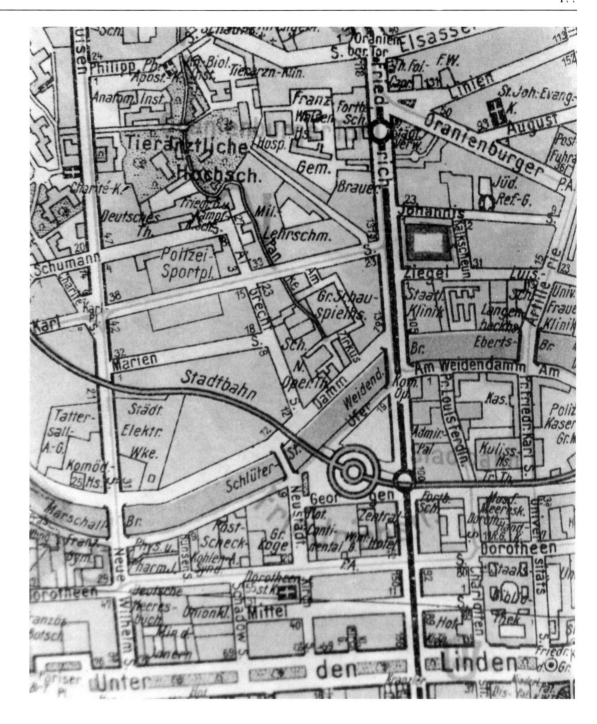

Friedrichstraße 107:
die Kaserne des 2. Garderegiments

Der Barlay-Bau

Hier entsteht der neue Friedrichstadt-Palast

Wolfgang E. Struck (links) und Prof. Dr. Ing. Ehrhardt Gißke (rechts daneben), Generaldirektor der Aufbauleitung Sondervorhaben Berlin, beraten mit ihren Mitarbeitern die Entwürfe

Baustelle des Friedrichstadt-Palasts 1982

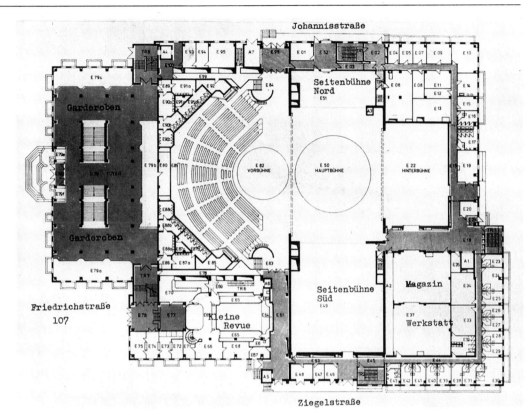

Der Zuschauerraum im Bau
Das Foyer

Ballett-Auftakt zur Revue
»Premiere: Friedrichstraße 107«

Die ersten Besucher
vor dem Eingangsportal

Das ausgefahrene Wasserbassin im Tropicana-Bild

Finale der ersten Revue

Karel Gott 1984 im neuen Friedrichstadt-Palast

Im Eröffnungsprogramm Nadja Gasser mit ihren Seelöwen

Die Kleine Revue

*Demontage des
alten Friedrichstadt-Palasts*

Caterina Valente in »Varieté, Varieté«

Die Arconas im »Revuezirkus«

Ursula Böttcher mit ihren Eisbären im »Revuezirkus«

Zur Eröffnung des neuen Friedrichstadt-Palastes wurde Erich Honecker, Generalsekretär des ZK der SED und Vorsitzender des Staatsrates, von der dienstältesten Mitarbeiterin Gerda Isensee das Buch über die Geschichte des Hauses »Das hat Berlin schon mal gesehn« überreicht.

Chronik

1865–1867 Bau des Hauses durch die Berliner Immobilien-AG nach Entwürfen von Oberbaurat F. Hitzig
1867/68 Erste Berliner Markthalle
1870/71 Heeresdepot
1873–1879 Markthallenzirkus, Direktion Albert Salamonsky
1879–1897 Zirkus Renz, Direktion Ernst Jakob Renz (bis 1892), danach Franz Renz
1888 Teilabriß des Hauses und Erweiterungsbau
1897–1899 Neues Olympia-Riesentheater, Direktion Bolossy Kiralfy und Hermann Haller
1899–1918 Zirkus Schumann, Direktion Albert Schumann
Manegen-Festspiele mit Guido Thielscher
1901 Winterbahn-Radrennen
1909 Protestversammlung gegen das Steuerprogramm der Finanzkommission und Gründung des Hansa-Bundes (mit Emil von Rathenau, Max Schinkel, Konrad von Borsig)
1910 Gastspiel des Deutschen Theaters mit »Ödipus« von Sophokles (Regie: Max Reinhardt; mit Paul Wegener, Tilla Durieux, Eduard von Winterstein, Friedrich Kühne)
1911 Zweites Gastspiel des Deutschen Theaters mit der »Orestie« von Aischylos und »Jedermann« von Hugo von Hofmannsthal (Regie: Max Reinhardt; mit Alexander Moissi)
1918 Übernahme des Hauses durch die National-Theater AG; Umbau durch Professor Hans Poelzig
1919–1933 Großes Schauspielhaus
1919–1923 Direktion Max Reinhardt
1919 Eröffnungsvorstellung »Orestie« von Aischylos (Regie: Max Reinhardt; Bühnenbild: Ernst Stern; mit Alexander Moissi, Werner Krauß, Paul Hartmann)
1920 »Hamlet« von William Shakespeare (Regie: Max Reinhardt; Bühnenbild: Ernst Stern; Titelrolle: Alexander Moissi; Ophelia: Helene Thimig; Polonius: Werner Krauß)
Uraufführung »Danton« von Romain Rolland (Regie: Max Reinhardt; Bühnenbild: Ernst Stern; Titelrolle: Paul Wegener; St. Just: Ernst Deutsch; Robespierre: Werner Krauß)
Uraufführung »Der weiße Heiland« von Gerhart Hauptmann (Regie: Karl-Heinz Martin; Montezuma: Alexander Moissi; Cortez: Emil Jannings)
»Lysistrata« von Aristophanes (Regie: Max Reinhardt; Bühnenbild: Ernst Stern; mit Else Eckersberg, Friedrich Kühne, Willy Fritsch)
»Bundes-Konzert« des Deutschen Arbeiter-Sängerbundes (Leitung: Hermann Scherchen)
1921 »Florian Geyer« von Gerhart Hauptmann (Regie und Bühnenbild: Karl-Heinz Martin; mit Eugen Klöpfer, Wilhelm Dieterle, Harald Paulsen, Elsa Wagner, Friedrich Kühne)
»Der Kaufmann von Venedig« von William Shakespeare (Regie: Max Reinhardt; Shylock: Eugen Klöpfer, Porzia: Agnes Straub)
»Ein Sommernachtstraum« von William Shakespeare (Regie: Max Reinhardt; Bühnenbild: Hans Meid; mit Gertrud Eysoldt, Helene Thimig, Mathias Wiemann, Paul Hartmann)
»Die Weber« von Gerhart Hauptmann (Regie: Karl-Heinz Martin; mit Fritz Kampers, Hans Rodenberg, Werner Pledath, Willy Fritsch)
1922 »Der Widerspenstigen Zähmung« von William Shakespeare (mit Elisabeth Bergner, Eugen Klöpfer, Erika von Thellmann, Marlene Dietrich, Gerhard Bienert)
»Die Maschinenstürmer« von Ernst Toller (Regie: Karl-Heinz Martin; mit Wilhelm Dieterle, Aribert Wäscher, Gerhard Bienert, Hans Rodenberg)
1923 »König Lear« von William Shakespeare (Regie: Max Reinhardt; Bühnenbild: Hans Poelzig; Titelrolle: Werner Krauß; Gloster: Heinrich George)
1923/24 Direktion Maximilian Sladek
Aufführung klassischer Operetten, u. a. »Eine Nacht in Venedig« mit Richard Tauber
Uraufführung »Die fromme Helene« von Friedrich Hollaender (mit Käthe Dorsch)
Konzert des Baß-Baritons Fjodor Schaljapin

1924 Gedenkfeier des Berliner Proletariats für Lenin
1924/1931 Direktion Erik Charell/Martin Rosen
1924–1926 Charell-Revuen
1924 »An Alle« (u. a. mit André von Mattoni, Ewald Wenck, Josefine Dora, Leo Peukert, Albert Kutzner)
1925 »Für Dich«
»Hofball bei Zille« (u. a. mit Claire Waldoff und Harry Lamberts-Paulsen)
1925 Agitprop-Revue »Trotz alledem« (Texte: Erich Weinert, Ernst Toller; Regie: Erwin Piscator; Bühnenbild: John Heartfield; mit Gerhard Bienert, Karl Schnog, Erich Weinert)
1926 »Von Mund zu Mund« (mit Curt Bois, Erika Glässner, Marlene Dietrich, Wilhelm Bendow und Bernhard Etté mit seinem Jazz-Symphonie-Orchester)
1926 Gedenkfeier der sowjetischen Handelsvertretung anläßlich des zweiten Todestages Lenins mit festlichen Ansprachen des Botschafters Krestinski und Wilhelm Piecks. Anschließend wurde der Film »Panzerkreuzer Potemkin« hier zum ersten Male in Deutschland aufgeführt.
Rundfunkübertragung »Alt-Heidelberg« von Wilhelm Meyer-Förster (Regie und Hauptrolle: Alfred Braun)
1926–1930 Revuebearbeitung klassischer und spätbürgerlicher Operetten
1926 »Wie einst im Mai« von Walter Kollo (mit Camilla Spira, Paul Westermeier, Wilhelm Bendow)
1927 »Mikado« von Arthur Sullivan (mit Max Pallenberg, Lotte Werkmeister, Rita Georg, Wilhelm Bendow)
»Madame Pompadour« von Leo Fall (mit Fritzi Massary, Lotte Werkmeister)
1928 »Das Dreimäderlhaus« von Heinrich Berté (mit Alfred Braun, Trude Hesterberg, Bruno Fritz)
»Casanova« von Johann Strauß (musikalische Neufassung Ralph Benatzky; mit Michael Bohnen, Comedian Harmonists, La Jana)
1929 »Der liebe Augustin« von Leo Fall (mit Siegfried Arno, Mady Christians, Trude Lieske)
Uraufführung »Drei Musketiere« von Ralph Benatzky (mit Max Hansen, Siegfried Arno, Trude Hesterberg, Joseph Schmidt, Paul Wegener, Robert Hanke)
Protest-Kundgebung anläßlich des Blut-Mai (mit Alfred Döblin, Egon Erwin Kisch, Heinrich Mann und Carl von Ossietzky)
1930 »Die lustige Witwe« von Franz Lehár (mit Trude Hesterberg, Willi Schaeffers, Edith Schollwer)
Uraufführung »Im weißen Rößl« von Ralph Benatzky (Musikalische Leitung: Ernst Hauke; Bühnenbild: Ernst Stern; mit Camilla Spira, Max Hansen, Siegfried Arno, Otto Wallburg, Paul Hörbiger, Willi Schaeffers)
1930 Konzert des Tenors Richard Tauber mit Dajos Béla und seinem Jazz-Orchester; am Flügel Franz Grothe
1931 Einmalige Wiederaufführung zugunsten der Roten Hilfe: »Die Maßnahme« von Bertolt Brecht und Hanns Eisler (mit Helene Weigel, Ernst Busch; Regie: Slatan Dudow)
Matinee des Tenors Marcel Wittrisch mit Marek Weber und seinem Jazz- und Konzert-Orchester
1931 Verleihung des Harry Lamberts-Paulsen-Ringes an Willi Schaeffers – überreicht durch Peter Sachse
Gastspiel des »Hellsehers« Erik Jan Hanussen
1932 Große Kundgebung für die »Erhaltung des Theaters« (u. a. mit den Chören der Staatsoper und der Städtischen Oper; den Vereinigten Orchestern der Staats- und der Städtischen Oper Berlin; Leitung: Generalmusikdirektor Leo Blech)
1931/32 Gastinszenierungen Max Reinhardts
»Hoffmanns Erzählungen« von Jacques Offenbach (musikalische Neufassung: Leo Blech; mit Jarmila Nowotna, Adele Kern, Göta Ljungberg, Friedel Schuster, Hans Fidesser, Leo Schützendorf, Hermann Thimig, Paul Graetz, Georges Baklanoff)
»Die schöne Helena« von Jacques Offenbach (musikalische Neufassung: E. W. Korngold/Manfred Gurlitt; mit Friedel Schuster, Jarmila Nowotna, Max Pallenberg, Hubert von Meyerinck)

1932/33 Direktion Fritz und Alfred Rotter
1932 »Der Studentenprinz« Musical nach dem Bühnenstück »Alt-Heidelberg« (Musik: Siegmund Romberg; mit Willi Domgraf-Faßbaender, Adele Sandrock, Theo Lingen, Liane Haid, Gerd Niemar)
Uraufführung »Ball im Savoy« von Paul Abraham (Regie: Alfred Rotter; mit Gitta Alpar, Rosy Barsony, Viktor de Kowa, Oskar Denes)
1933–1945 Theater des Volkes; Intendanten u. a. Otto Maurenbrecher und Rudolf Zindler
Aufführungen u. a.
»Alle gegen Einen, Einer für Alle« von Friedrich Forster (»Führer«-Drama; mit Eugen Klöpfer, Alexander Golling, Hermine Körner; Musikalische Leitung: Otto Dobrindt)
»Deutsche Passion« von Richard Euringer
»Die Pfingstorgel« von A. J. Lippl (mit Josephine Dora, Hilde Körber, Kurt Mühlhardt)
»Die Räuber« von Friedrich Schiller (Franz Moor: Heinrich George; Musik: Herbert Windt)
»Götz von Berlichingen« von Joh. Wolfgang v. Goethe (mit Heinrich George, Eduard von Winterstein, Gerda Müller, Stig v. Nauckhoff; Musik: Leo Spieß)
»Die lustigen Weiber von Windsor« von William Shakespeare (mit Heinrich George, Gerda Müller, Paul Wegener, Paul Henckels)
»Ein Sommernachtstraum« von William Shakespeare (mit Harald Paulsen, Catharina Reichert; Choreographie: Georges Blanvalet)
»Die Rabensteinerin« von Ernst von Wildenbruch (mit Franziska Kinz, Walther Süßenguth, Friedrich Ulmer)
Klassische und spätbürgerliche Operetten
1935 »Himmelblaue Träume« von Robert Stolz (Regie: Adolf Rott; mit Gretl Theimer, Erwin Hartung)«
»Der Graf von Luxemburg« von Franz Lehár (Regie: Wolf Völker, Musikalische Leitung und Chöre: Karl Stäcker, Choreographie: Jens Keith)
1936 KdF-Schau anläßlich der Olympiade »Freut euch des Lebens« von Hans Reimann und Bruno Wellenkamp, Musik: Edmund Nick (Ausstattung: Reichsbühnenbildner Benno von Arent; mit Tatjana Sais, Ivo Veit)
1937 »Extrablätter« von Nico Dostal (Musikalische Leitung: Edmund Nick; Chöre: Karl Stäcker; mit Lillie Claus, Rose Rauch, Hermann Wolder, Cordy Milowitsch, Christian Gollong)
1938 Umbau des Hauses und Abriß der Lichtkugel Professor Hans Poelzigs
Uraufführung »Saison in Salzburg« von Fred Raymond (Musikalische Leitung und Chöre: Karl Stäcker; mit Fee von Reichlin, Cordy Milowitsch, Eugen Rex, Georg Thomalla, Bernd Heyer)
Uraufführung »Hochzeit in Samarkand« von Eduard Künneke (Regie: Wolf Völker; Musikalische Leitung und Chöre: Karl Stäcker; Choreographie: Sabine Ress)
1938 Gastspiel des Balletts des Königlichen Theaters Kopenhagen (Leitung und Choreographie: Harald Lander)
1941 »Frau Luna« von Paul Lincke (Regie: Rudolf Zindler; Musikalische Leitung: Karl Stäcker; Bühnenbild: Benno von Arent; mit Friedel Schuster, Lotte Werkmeister, Hans Brausewetter, Rudolf Schock)
1943 Dreharbeiten zum TOBIS-Film »Akrobat schö-ö-ön« (Regie: Wolfgang Staudte; mit Charlie Rivel, Clara Tabody, Karl Schönböck)
1932–1944 »Brigittentage«. Eine Veranstaltungsreihe vom Blatt der Hausfrau (u. a. mit E. O. Plauen, Barnabas von Géczy, Hedi und Margot Höpfner, Georg Alexander, Erna Berger, Maria Cebotari, Dinah Grace, Lilian Harvey, Marcel Wittrisch, Walter Ludwig, Hilde Hildebrandt, Rudolf Platte, Traute Rose, Magda Schneider, Lizzi Waldmüller, Gisela Schlüter, Grethe Weiser, Otto Stenzel, die Hiller-Girls)
1944 Letzte Aufführung vor Schließung der Theater im »totalen Krieg«: »Wie einst im Mai« von Walter Kollo (musikalische Neufassung: Willi Kollo; textliche Bearbeitung und Regie: Rudolf Zindler; mit Edith Schollwer, Hubert von Meyerinck)

März 1945 Zerstörung des Bühnenhauses bei einem Luftangriff
17.8.1945 Aufnahme des Spielbetriebes auf einer Behelfsbühne
1945–1947 Palast-Varieté, Direktion Marion Spadoni
Artistische Nummernprogramme und Boxveranstaltungen
1946 Festvorstellung unter der Protektion des Oberbürgermeisters Dr. Werner aus Anlaß des einjährigen Bestehens des Palast-Varietés (u.a. mit Karl Schmitt-Walter, Ursula Deinert, Robert T. Odemann, Bruns, Original 3 Wiener Spatz'n; Regie: Marion Spadoni; Musikalische Leitung: Ralph Zürn; Ausstattung: Paul Seltenhammer)
1947 Boxveranstaltungen u.a. mit Gustaf Eder, Dieter Hucks, Adolf Witt;
Am 17. März fand ein mit Spannung erwarteter Kampf zwischen Dieter Hucks und Adolf Witt statt. Unter vielen prominenten Zuschauern befanden sich Gustaf Gründgens, Hertha Feiler und Heinz Rühmann.
1947 Kurze Zeit in Treuhandverwaltung unter der Leitung des Produktionsleiters der DEFA, Adolf Fischer. Übernahme in städtische Verwaltung und Umbenennung in Friedrichstadt-Palast
1947–1954 Direktion Nicola Lupo
Artistische Nummernprogramme und Ballettbilder, u.a.
»Kubanisches Fest« (1947), »Tanz der Puppen« (1947), »Hochzeit an der Spree« (1948), »Unter den Brücken von Paris« (1948), »Fahrendes Volk« (1948), »Stralauer Fischzug« (1949), »Zigeunerliebe« (1949), »Münchhausens Brautwerbung« (1950), »Rummel-Rummel« (1950), »Polowetzer Tänze« (1951), »Till Eulenspiegels Streiche« (1951), »Hochzeit im Walde« (1952), »Ferienglück am Ostseestrand« (1952), »Csárdásfürstin« (1953), »Der Zauberlehrling« (1953), »Coppelia« (1953)
1949 Wiederherstellung des Bühnenhauses
1951 Aufbau der Werkstätten
1954–1961 Direktion Gottfried Herrmann
Varieté-Revuen, u.a.
»Einmal am Rhein« (1954), »Sommer, See und Sonnenschein« (1955), »Rendezvous in Paris« (1955, mit Lucienne Boyer), »Kinder, wie die Zeit vergeht« (1956), »Zauber der Jugend« (1956), »Treffpunkt Palast« (1956), »Glück muß man haben« (1956), »Lüge auf den ersten Blick« (1957), »Triumph einer Melodie« (1958), »Das goldene Prag« (1958), »Bon soir Paris« (1958), »Ein Ball rollt um die Welt« (1959), »Budapester Melodie« (1960), »Strandkorb Nummer 13« (1960), »Sterne am Varieté« (1960)
1955 Wahl Gottfried Herrmanns zum Vorsitzenden des Berliner Komitees der Kulturschaffenden
1957 Zum Tode von Claire Waldoff sprachen Gottfried Herrmann und Willi Rose während einer Vorstellung Worte des Gedenkens
1958 Uraufführung der szenischen Kantate »Das Urteil« von Hedda Zinner zu Ehren des V. Parteitages der SED (u.a. mit Wolfgang Heinz, Hans-Peter Minetti, Wolf von Beneckendorff, Friedrich Richter)
Verleihung des Goethe-Preises der Stadt Berlin an Gottfried Herrmann
1960 Letzte Inszenierung Gottfried Herrmanns: »Wie wär's mit einem Schwedenpunsch?« (mit Heinz Hammann, Bianca Cavallini, Peppi Zahl, Edwin Matt, Die Jocos)
1961 Künstlerische Leitung durch Karl Stäcker (Musikalischer Oberleiter 1950–1965, Musikdirektor 1964, Ehrenmitglied 1966)
1961 Matinee zum 75. Geburtstag von Lotte Werkmeister (mit Karl Stäcker, Will Meisel, Robert Ebeling, Heinz Quermann, Peppi Zahl, Fredy Sieg, Martha Hübner, Peter Wieland, Heinz Hamann u.a.; Ausstattung: Wolf Leder)
8.6.1961 Trauerfeier für Gottfried Herrmann,
Zum Gedenken sprachen: u.a. Wolfgang Heinz und Harry Hindemith
seit 1961 Direktion Wolfgang E. Struck
Varieté-Revuen und Palasticals, u.a.

»Das hat Berlin schon mal gesehn« (1961), »Fantasie in schwarz-weiß« (1962), »Die Frau des Jahres« (Palastical, 1963), »Der Mann, der Dr. Watson war« (Palastical, 1964), »Wenn es Nacht wird in Paris« (1965), »Berliner Luft« (1966), »Kleiner Mann auf großer Fahrt« (Palastical, 1966), »Gala-Abend: 100 Jahre Am Zirkus 1« (1967), »Ein Engel tritt ins Rampenlicht« (1967), »Er macht det schon« (Palastical, 1968) »Kleider machen Leute« (1968), »Eine schöne Bescherung« (1968), »Das Haus an der Spree« (1969), »Warenhaus der guten Laune« (Palastical, 1969), »Mini-Midi-Maxi« (1970), »Die Reise um die Erde in 40 Stunden« (Palastical, 1970), »Zur Feier des Tages« (1970), »Hepp« (1971), »He, Leute, Musik« (1971), »Simsalabim« (1971), »Wir tanzen in die Welt« (1972), »Der Weihnachtsmann macht Pause« (1972), »Durch die Blume gesagt« (1973), »Expo 73« (1973), »Melodie der Welt« (1974), »Eva & Co.« (1974), »Klock 7, achtern Strom« (1974), »Jugend-Revue Nr. 1« (1975), »flic-flac« (1975), »Ein Jahr in Musik« (1975), »Das war's« (1976), »Ahoi Silvester« (1976), »Punkt 16« (1977), »Berlin live« (1977), »Ein bißchen Spaß muß sein« (1978), »Ohne Netz und doppelten Boden« (1978), »Tour de Music« (1979), »Seekiste« (1980)

1974 Auszeichnung des Friedrichstadt-Palastes mit dem Orden »Banner der Arbeit«

1975 Verleihung des Nationalpreises der DDR III. Klasse für Kunst und Literatur an Wolfgang E. Struck

1977 Teilrekonstruktionsmaßnahmen im Haus (Einbau eines neuen Stellwerkes, einer Luftheizungsanlage und Warmwasserversorgung sowie Einbau einer neuen und bequemeren Bestuhlung), Schließung der »Melodie«

Verleihung des Nationalpreises der DDR III. Klasse für Kunst und Literatur an die Ballettdirektorin und Choreographin Gisela Walther

1978–1980 Eröffnung der »Kleinen Bühne« im ehemaligen Palast-Casino unter dem Namen »Das Ei« (Leitung: Karl-Heinz Müller); mit Christel Bodenstein, Gerd Grasse, Evelyn Cron u. a. »Was soll das Theater« (1978), »Drei dicke im Ei« mit Perry Friedman u. a. (1978), »Wir werden die Maus schon fledern« (1979); Regie: Horst Bonnet; mit Maria Mallé und Wolfgang Borkenhagen, »Wer hat Angst vor'm schwarzen Mann?« (1979), Gastspiel des Deutschen Theaters

29.2.1980 Letzte Vorstellung der Revue »Seekiste« im Friedrichstadt-Palast (mit Horst Köbbert, Rica Déus, Hans Knauer, Mary Halfkath und den Rostocker Hafenmusikanten)

Schließung des Hauses an der Spree

ab 1.3.1980 Nutzung des Bühnenhauses als Probebühne mit Magazin- und Verwaltungs-Räumen; Nutzung des Zuschauerhauses als Abstell- und Lager-Halle

Für das Ensemble des Friedrichstadt-Palastes begannen Gastspiele im In- und Ausland

1980 Sopot, Warschau, Magdeburg

1981 Schwedt/Oder, Leningrad, Karl-Marx-Stadt, Gera

1982 Schwedt/Oder

1983 Karl-Marx-Stadt, Budapest, Magdeburg, Katowice

und in Berlin u. a.
im Metropol-Theater:
»Abends im Rampenlicht« (1981); Regie: Volkmar Neumann; mit Helena Vondráčková, Lili Ivanova, Rolf Herricht, Duo Kondo

»Im Weißen Rößl« (1982/83); eine Co-Produktion des Friedrichstadt-Palastes und des Metropol-Theaters; Regie: Gerd Grasse/Wolfgang E. Struck; Musikalische Leitung: Hans Schulze-Bargin; Chöre: Wolfgang Schottke; mit Maria Alexander, Hans Recknagel, Fritz Hille, Gunter Sonneson, Sigrid Olischer, Paul Arenkens, Wolfgang Borkenhagen, Detlef Dathe

im Palast der Republik:
»Berlin – täglich neu!« (1981); Idee und Regie: Wolfgang E. Struck – anläßlich seines 20jährigen Palast-Jubiläums –; Bühnenbilder und Kostüme: Wolf Leder; mit Dagmar Frederic, Peter Wieland, Michael Hansen und den Nancies, Peppi Zahl, Hans Rohr

»Beswingt und heiter« (1983); Regie: Detlef-Elken Kruber; mit Marianne Kiefer, Herbert Köfer, Bobby Bölke, Bert Beel

in der Deutschen Staatsoper:
»Untern Linden, Untern Linden« (1982); Regie: Wolfgang E. Struck/Volkmar Neumann; Musikalische Leitung: Hans Schulze-Bargin; Ausstattung: Wolf Leder; Choreographie: Gisela Walther; mit Willi Schwabe, Günter Kurth, Brigitte Eisenfeld, Bernd Riedel, Regina Thoss, Bernd Zettisch, Uwe Jensen, Bernd Warkus

im Theater der Freundschaft:
»Kindervarieté mit Clown Ferdinand« (1980/1983); Regie: Volkmar Neumann und Detlef-Elken Kruber; Ausstattung: Ingrid Böttcher; mit Ellen Tiedtke, Bobby Bölke, Jochen Zmeck, Paul Arenkens, Klaus-Peter Pleßow, Alex Hering
Mit der letzten Kindervarieté-Vorstellung nahm Clown Ferdinand Abschied von der Bühne.

26.6.1981 Grundsteinlegung eines »neuen Hauses« an der Friedrichstraße zwischen Johannis- und Ziegelstraße
3.6.1983 Richtfest des Neubaus an der Friedrichstraße 107
27.4.1984 Eröffnung des »neuen Friedrichstadt-Palastes«

Im Friedrichstadt-Palast gastierten u. a.

1945 Duo Alberti; Fritschie; Fritz-Klein-Truppe; 3 Renners/3 Bramsons; Carl Schwarz; Sabine Ress; Läpp und Habel; 2 Niewars
1946 Valentin Froman; Nina Mercadante; Louperti; Martha Hübner; Bruns; 3 Rilons
1947 Kurt Engel; Bully Buhlan; Kurt Widmann mit seinem Orchester; Nina Karpowa; Ljena Gsovsky; Michael Piel; 30 Alberti-Mädels; Egon Kaiser und sein Orchester; Bert Holt
1948 René Carol; Wilhelm Bendow; Rita Paul; Jakob Tiedtke; Addi Münster; Liselotte Köster/Jockel Stahl; Maria Litto; Truxa; Lisa Lesco; Karl Napp; Willy Schenk Quartett; Helmut Zacharias
1949 Paul Beckers; Kurt Pratsch-Kaufmann; Erwin Hartung; Heinz Quermann; Werner Kroll; Joachim Krüger
1950 Hein Riess; Henry Lorenzen; Günther Hintze; Ilja Glusgal
1951 Maria Munkel-Köllisch; Ferdinand Recklin; Lotte Werkmeister; Udo Vietz; Jean Weidt
1952 Hans von Kusserow; Rosl Schaffrian; Metropol-Vokalisten; Thea Schröder
1953 McSovereign und Partnerin; Heinrich Stengel; Jonny und 1 Rad; Eric Zidla; Kurt Widmann mit seinen Solisten – unter ihnen Erwin Bootz, Pianist, Arrangeur und Komponist der ehemaligen Comedian Harmonists
1954 Sonja Siewert; Alexis; Kassner und Partnerin – Abschied von der Bühne; Ballett des Bolschoi-Theaters Moskau und des Kirow-Theaters Leningrad (mit Galina Ulanowa, Juri Shdanow, Natalja Dudinskaja, Konstantin Sergejew, Olga Moissejewa); Sowjetisches Estradenensemble
1955 Gerhard Wollner; Herbert Köfer; Francis Lorry, Frankreich; Ursula Deinert; Walter Schumann; Teatro dei Piccoli di Podrecca, Rom; Indisches National Ballett; Lucienne Boyer; Olga Irén Fröhlich, Schweiz; Robert Hanke; Jean Weidt; Fred Frohberg; Angela & Fred Roby; Manfred Weißpflog
1956 Moskauer Staatszirkus (mit Oleg Popow, Valentin Filatow, Viktor Pliner, Lew Osinski); Annemarie Hase; Evelyn Lazar; Wulf Ritscher; Bernd Golonsky
1957 Louperti; Erika Brüning; Willi Rose; Wolfgang Brandenstein; Maria Valente; Johanna König; Lily Schön; Alexander Winkler; Oskar Jerochnik
1958 Lynda Gloria; Cycasso; 5 Albatros; Frank Folker; Peter Wieland; Mario Tuala; 2 Battons; Ballett Méditerrané (Leitung: Paul Goupé; mit Stefanie Czernowa, Jaqueline Toussaint, René Bon u. a.)

1959 Inge & Steffi Donzow; Harald Nielsen; Nancy & Charlie Wolter; Illo Schieder; Daisy Spies; Peter Pischner; Alfred Dreifuß
1960 Jan Kiepura; Marta Rafael; Anna Zentay vom Operettentheater Budapest; Iris Roy Trio; Undine von Medvey; Rosemarie Moogk; Adi Appelt; Gustav Stähnisch
1961 Laterna magica, Prag; Ballett Brasiliana; Willy Hagara; Hans Rose; Heinz Hammann; Ralph Peters/Ferry Ohlsen; Vanna Olivieri
1962 Enzo-Trio; Günther Krause; Helga Hahnemann; Hans-Werner Finck; Ballett Africana, Guinea; Solisten und Ballett des Leningrader Kirow-Theaters (Künstlerische Leitung: Konstantin Sergejew; mit Olga Moissejewa, Inna Subkowskaja, Wladlen Semjonow, Alexander Gribow)
1963 Eisrevue »Paris sur glace«; Margarita Cantero; Mortales, Polen; Edina Balogh/György Klapka, Budapest
1964 Karl Meyer mit dem Orchester Schwarz-Weiß; Nationalballett Senegal; Prager Eisrevue; Jaqueline Boyer; Hanna-Maria Fischer; Kurt Edelhagen mit seinem Orchester; Wolfgang Sauer; Bob Bramson; Jane Swärd and the tigers, Schweden; Rae Harrison und Sam Wooding, USA; Les Marcos, Frankreich
1965 Budapester Eisrevue mit »Liebe auf dem Eis«; Louis Armstrong and his All Stars; Roberto Blanco; Tom Schilling; Willy Hagara; Hans Rohr; Bob Benny, Belgien; Gran Music Hall de Cuba; Bukarester Revue-Theater Constantin Tănase; Chris Barber and his Jazzband, London; Rolland und Annabell, ČSSR; Horst Winter, Österreich; Ines Taddio, Italien; Die Esperantos; Frank Schöbel; Peter Erdmann
1966 Laterna magica, Prag (mit der Opern-Revue »Hoffmanns Erzählungen«); Juliette Gréco; Gilbert Bécaud; Moskauer Revue-Theater; Hazy Osterwald Sextett; Herbert F. Schubert; American Folk Blues Festival '66; Konzert des Tenors Mario del Monaco; Daniel Rémy, Schweiz; Nana Gualdi; Pierre Brahma, Frankreich; Detlef Engel; Kurt-Wilfried Lewa
1967 Ezio Bedin, Italien; Ella Fitzgerald; Moissejew-Ensemble; Udo Jürgens; Karel Gott mit dem Apollo-Theater, Prag; Boris & Wladimir Woronin, UdSSR; Bärbel Wachholz; Chris Doerk; 2 Trux; Sergio Günther; Ilona Medveczki, Ungarn; Bert Hendrix; Rudi Schiemann vom Metropol-Theater; Monika Hauff und Klaus-Dieter Henkler
1968 Nationalballett Senegal; Josephine Baker; Scala Eisrevue, Paris; Dick Price, USA; Olivia Molina; Marianne Kiefer; Hans Rohr; Regina Thoss; Tamás Hacki und sein Ensemble, Ungarn; Ari Leschnikow, 1. Tenor der ehemaligen Comedian Harmonists; Egon Bischoff; Michail Sacharow und Ilja Wodopianow, UdSSR; Karin Maria, ČSSR; Kenny Ball and his Jazzmen, England; Emöke Pöstényi und Susan Baker
1969 Robert Trösch; Siegfried Walendy; Ballett Brasiliana; Mr. Acker Bilk and his Paramount-Jazzband, London; Nationales Tanz- und Gesangsensemble der VAR; Rumänisches Revue-Theater; Leningrader Music-Hall mit der Revue »Verliebt an der Newa«; Gesangs- und Tanzensemble »Mazowsze«, Polen
1970 Günther Fischer Quintett; Gisela May; Gerd Michaelis Chor; Eva Pilarová mit Ensemble, ČSSR; Susi Schuster; Michael Hansen; Vera Oelschlegel; Trio de Santa Cruz mit Jane Swärd; Hideo Fukagawa, Tokio
1971 Philippinisches Tanz- und Gesangsensemble »Bayanihan«; Ritmo de Cuba; Alexandrow-Ensemble, UdSSR; Fred Frohberg mit Ensemble; Die Urandos; Gina Presgott; Gerd Michael Henneberg; Papa Bues Viking Jazzband, Dänemark; Tony Rix und Partnerin, Schweden; Laterna magica, Prag (mit der »Revue aus der Kiste«); Les Pollux, Schweiz
1972 Chris Barber and his Jazzband, London; Teresa, Jugoslawien; Bobby Bölke; Zigeunerensemble Roma, Polen; Peter Poor, Ungarn; Friedel und Rob. Hesse mit der Revue »Tanz im Wandel der Zeit«; Leningrader Music-Hall mit der Revue »Eine ungewöhnliche Hochzeitsreise«; Mireille Matthieu; Hans Saxburger, Dänemark
1973 Staatliches Tanzensemble »Lesginka«, Dagestanische ASSR; Jürgen Hohmann; Horst Jankowski

Chor; Silvio Francesco; Roland Neudert; Hans Rohr; Die Puhdys; Middle of the Road; Jean Pierre Rivel und Jeanette Enders; Heinz Rennhack; Dean Reed, USA (anläßlich der Weltfestspiele in Berlin in der »Revue der Freundschaft«): Josef Laufer mit Ensemble, ČSSR; Jiři Korn, ČSSR; Gruppe Omega, Ungarn; Nina Lizell, Schweden; The Dutch Swing College Band, Niederlande; Oliver Briac, Frankreich

1974 Václav Neckář, ČSSR; Maryla Rodowicz mit Gruppe, Polen; Gruppe General, Ungarn; Gert Wendel und Barbara; Akopjan & Assistentin vom Moskauer Estraden-Theater; Horst Köbbert; Centurion, Cuba; Horlan-Trio; Siegfried Koenig; Roger Johnson, Schweden; Torill Ravnaas, Norwegen

1975 Terry Lightfoot and his Band, England; Karel Gott mit Ensemble; Miro Ungar; Paola, Schweiz; Undine von Medvey; Jiři Korn; Vittorio, Italien; Duo Rhapsodie, Ungarn; Bisser Kirov

1976 Marianne Mendt; Uwe Jensen; Dean Reed; Hanna Hegerova mit Ensemble, ČSSR; Nina Lizell; Zdzislawa Sosnicka; Donna Hightower, USA; Gruppe Mud, England; Alla Pugatschowa, UdSSR; Dany Marsan, Jugoslawien; Bob Wallis and the Storyville-Jazzmen; Rolland und Annabell, ČSSR

1977 Kenny Ball and his Jazzmen, England; Gerhard Wendland; Chris Roberts; Bolland & Bolland, Holland; Jonny Hill; Václav Neckář; Eine Gruppe des Schwarzen Theaters Prag; Dagmar Koller; Fred Roby, Schweiz

1978 The Beatles Revival Band; Katja Ebstein mit dem Orchester Fips Fleischer; Uwe Jensen; Fred Bertelmann; Peggy March, USA

1979 Die Puhdys (zum 10jährigen Bestehen); Paola; The Pasadena Roof Orchestra, England

1980 Gitte, Dänemark; Horst Köbbert; Bob Bramson

Gastspiele des Friedrichstadt-Palastes

1954 Berlin »Varieté im Zirkus Barlay« (auf dem Gelände Friedrichstraße 107)
1955 Moskau, Leningrad, Stalingrad (Artistendelegation unter Leitung von Gottfried Herrmann)
1955 Düsseldorf, Wuppertal-Elberfeld, Berlin (West) »Titania-Palast«
1957 Halle (Saale)
1958 Stalinstadt
1960 Damaskus (Solisten-Gastspiel)
1961 Leipzig
1962 Saporoshje, Tallinn (Artistenkollektiv unter Leitung von Karl Stäcker und Heinrich Martens)
1962 Bukarest
1964 Warschau, Sopot
1965 Warschau, Wroclaw
1966 Budapest, Moskau, Leningrad
1969 Budapest, Moskau, Leningrad
1971 Dresden
1972 Warschau, Katowice, Magdeburg
1973 Moskau
1974 Prag
1975 Karl-Marx-Stadt, Sopot, Magdeburg
1976 Karl-Marx-Stadt
1977 Magdeburg, Karl-Marx-Stadt, Dresden, Moskau
1979 Moskau (Ballett-Gastspiel)

Im Friedrichstadt-Palast ...

... produzieren bzw. produzierten Rundfunk und Fernsehen der DDR ihre öffentlichen Sendungen: von 1953 bis 1960 »Amiga-Cocktail« mit Heinz Quermann – für ihn war der »6. Amiga-Cocktail« am 27. November 1960 seine 1000. Sendung bei Rundfunk und Fernsehen –, von 1957 bis 1960 »Zwischen Frühstück und Gänsebraten« (mit Margot Ebert und Heinz Quermann), von 1959 bis 1965 »Da lacht der Bär« (mit den »Drei Mikrofonisten«: Heinz Quermann, Gustav Müller, Gerhard Wollner), »Mit dem Herzen dabei« (mit Spielmeister Hans-Georg Ponesky), von 1972 bis 1977 »Ein Kessel Buntes« (28 Sendungen mit den »3 Dialektikern« Horst Köbbert, Manfred Uhlig, Lutz Stückrath und internationalen Gästen; u. a. Johannes Heesters, Vicky Leandros, Rex Gildo, Wencke Myhre, Udo Jürgens, Cindy & Bert, Ricki Shaine, Gruppe ABBA, Katja Ebstein, Tony Christie, Salvatore Adamo, Karel Gott, Gisela May, Professor Dr. Hans Pischner), 1975: »IX. Sinfonie« mit dem Rundfunk-Chor und Sinfonie-Orchester Berlin; Leitung: André Rieu, Solisten: Celestina Casapietra, Gertraud Prenzlow, Günter Neumann, Heinz Reeh; 1976: »Verdi-Abend« mit Solisten der Mailänder Scala und dem Rundfunk-Chor und Sinfonie-Orchester Berlin; Leitung: Wolf-Dieter Hauschild; »Jiří Korn's klingendes Karussell«, »Jazz Bühne Berlin« (Moderation: Karl-Heinz Drechsel), »Als ich dich heute wiedersah« – Show 79 – (mit Monika Hauff und Klaus-Dieter Henkler)

... erfreuten zahlreiche Co-Produktionen und Übernahmen von Revue-Programmen Millionen Hörer und Fernsehzuschauer im In- und Ausland

... traten während der Weltfestspiele der Jugend und Studenten 1951 und 1973 Ensembles ausländischer Delegationen auf

... fanden zahlreiche gesellschaftliche und kulturpolitische Veranstaltungen statt, u. a.

1946 Vereinigungsparteitag der Berliner Bezirksorganisation der KPD und SPD
Gründungsversammlung der Berliner FDJ
Ernst-Thälmann-Gedächtniskundgebung anläßlich seines 60. Geburtstages (Rezitator: Heinrich Greif)

1948 Bericht der Volksratsdelegation über die erste Nachkriegsreise antifaschistisch-demokratischer deutscher Politiker in die UdSSR

1949 Auf einer Kundgebung sang Ernst Busch zum ersten Mal seinen Text gegen die »Panzerschichten« (nach der Musik von »Lili Marleen«); am Flügel: Hanns Eisler

1953 »5 Jahre Magistrat von Gross-Berlin«.
Eine Presse-Veranstaltung mit dem Orchester des Friedrichstadt-Palastes unter der Leitung von Karl Stäcker und vielen Künstlern

1954 Festliche Uraufführung des DEFA-Films »Ernst Thälmann – Sohn seiner Klasse« (mit Günther Simon, Hans-Peter Minetti, Robert Trösch, Gerhard Bienert, Werner Pledath u. v. a.)

1958–1961 Bühnenreifeprüfungen des Ministeriums für Kultur zur Ausstellung von Berufsausweisen für die Artistik und Kleinkunst unter den Vorsitzenden Otto Netzker und Heinrich Martens; Kommissionsmitglieder u. a. Gottfried Herrmann, Karl Stäcker, Heinz Quermann

1959 Festveranstaltung mit dem Erich-Weinert-Ensemble (in der Tanzgruppe u. a. mit Peter Erdmann)

1964 »Heitere Hobbys« – eine Co-Produktion des Friedrichstadt-Palastes und der »BZ am Abend« mit Laienkünstlern

1965 Abschluß eines Freundschafts-Vertrages zwischen dem Friedrichstadt-Palast und dem Tierpark Berlin; Konzerte des Palast-Orchesters im Tierpark unter der Leitung von Karl Stäcker
Tierpark-Matineen im Palast mit Professor Dr. Dr. Heinrich Dathe

1966 »Vorwärts und nicht vergessen«. Festprogramm anläßlich des 20. Jahrestages der Gründung der SED

1967 »Sie hat uns alles gegeben« Festveranstaltung zu Ehren des VII. Parteitages der SED

1970 Festveranstaltung zum 100. Geburtstag Lenins (Regie: Wolfgang E. Struck und Werner Schurbaum; mit Prof. Dieter Zechlin, Harry Hindemith, Sighilt Pahl, Peter Erdmann; Ausstattung: Wolf Leder)

1971 »An der Seite der Genossen« (25 Jahre FDJ)

1973 Meeting anläßlich des 55. Jahrestages der Gründung der KPD
Chansonmatinee mit Miriam Makeba anläßlich der X. Weltfestspiele
1974 Tage der Polnischen Unterhaltungskunst
Tage der Volkskunst der DDR
»Gib dem Glück eine Chance!« Eine Co-Produktion des Komitees für Unterhaltungskunst und des Fernsehens der DDR (mit Monika Hauff und Klaus-Dieter Henkler; Heinz Draehn und Otto Stark)
1975 »Troika zu zweit« – eine Co-Produktion des Friedrichstadt-Palastes, des Komitees für Unterhaltungskunst und des Fernsehens der DDR (Mit Sergej Klementjew, Sofia Rotaru, Hans-Jürgen Beyer, Jens Heller, Duo Brillant, dem Jürgen Erbe Chor, dem Zentralen Ensemble der Sowjetischen Streitkräfte in der DDR und dem Ballett des Friedrichstadt-Palastes)
1976 »20 Jahre Rundfunktanzorchester Berlin, Leitung: Günter Gollasch« – eine Co-Produktion des Friedrichstadt-Palastes, des Rundfunks und des Fernsehens der DDR
»Festveranstaltung zum 30. Jahrestag der Gründung der FDJ«
1978 Jugendforum der FDJ mit dem ersten Fliegerkosmonauten der DDR, Oberst Sigmund Jähn, und seinem sowjetischen Kommandanten, Oberst Waleri Bykowski
1979 Heitere Premiere: »Festival Sonderausgabe« – eine Co-Produktion des Friedrichstadt-Palastes, der FDJ sowie des Rundfunks und des Fernsehens der DDR anläßlich des Jugendfestivals zum 30. Jahrestag der Gründung der Deutschen Demokratischen Republik (Buch: Heinz Quermann, Regie: Wolfgang E. Struck, Ausstattung: Wolf Leder)
1974–1980 »Hier um 11 Uhr«. Eine Matinee-Reihe der FDJ, des Berliner Hauses der Jungen Talente und des Friedrichstadt-Palastes (Regie: Volkmar Neumann, Bühnenbild: Ingrid Böttcher, Moderatoren: Barbara Liebig und Alexander Lehmberg)

Inhalt

Mißglückter Auftakt *5*
Am Zirkus 1 *8*
Der alte Renz *13*
»Meine Klohns macht mir keiner nach!« *18*
Das schwere Erbe *26*
Bombastisches Zwischenspiel *32*
Schaukelpferde, Seeräuber, Spaßmacher *35*
Der Zauberer der Regie *41*
Die Tropfsteinhöhle *46*
Shakespeare im Unkunststall *49*
»Orestie« mit glücklichem Ausgang *53*
Ein Hausherr wird gesucht *57*
Die politische Arena *59*
Ein Briefträger macht Karriere *62*
Glanz und Elend der Revue *66*
Aus alt mach neu *71*
Stars unter einem Hut *76*
Rößlsprung zum Weltruhm *82*
Abgesang mit Offenbach *85*
Exodus *89*
Flucht in die Vergangenheit *92*
Lustspielfilm vor Toresschluß *97*
Vorhang auf *100*
Stelldichein der Artistik *106*
Noch einmal Chansons im Tunnel *114*
Auf neuen Wegen *118*
Experimente und Erfolge *133*
Ohrenschmaus und Augenweide *145*
Gestern, heute, morgen *155*
Ade, du altes Haus *168*
Chronik *193*

Fotonachweis Zentrales Archiv des Friedrichstadt-Palastes (44), Archiv Heinrich Martens (44), Archiv Dietmar Winkler (34), Archiv Henschelverlag (9), Siegfried Stolpmann (7), Archiv Markschieß van Trix (4), Archiv Peter Erdmann (3), Zentralbild (3), Archiv Ernst Günther (2), Märkisches Museum (2), Ulrich Ritter (2), Karl-Heinz Golka (2), Harry Hirschfeld (1), Karl Leher (1), Helmut Raddatz (1), Günter Tluste (1), Claus Peter Fischer (1)

ISBN 3-362-00121-1

4., stark überarbeitete und neu gestaltete Auflage 1987
Lizenz-Nr. 414.235/20/87
LSV-Nr. 8421
Lektor: Gisela Winkler
Gestaltung: Horst Albrecht
Printed in the German Democratic Republic
Gesamtherstellung: Grafische Werke Zwickau III/29/1
625 762 9
01950